経営は人や！

社員さんが笑顔になる会社にしなさい

㈲総務の知恵　代表取締役
社会保険労務士
中橋 章好
Akiyoshi Nakahashi

明日香出版社

はじめに

私は社会保険労務士事務所の経営者として、また一人のサービス奉仕者として、日々の業務に邁進《まいしん》しています。しかし現在に至るまでの道のりは決して平坦なものではなく、実は失敗に失敗を重ねる人生だったのです。学生時代は父と言い争いをして幾度となく勘当を言い渡されました。サラリーマン生活でも退職勧告から転職を余儀なくされ思い悩んだ時期もありました。しかしそんな中でも社会保険労務士の資格を取得し、次に開業するという目標を見つけ、行動したことで道が開けてきたのです。

さて、2019年末から始まった新型コロナウイルス感染症の世界的蔓延により中小企業の経営環境は著しく悪化の一途を辿っています。特に飲食業や来店型の小売業などのダメージは計り知れないものがあります。経営の4大資源は、「**ヒト・モノ・カネ・情報**」ですが、どの経営資源にも「良質なもの・普通のもの・悪質なもの」があります。世界的なコロナパンデミックの中にあっても、この4大資源の原理原則は変わりません。苦しい波が押し寄せたときは、それに即応した対策を立てなければなりません。

経営者の仕事は毎日が取捨選択の繰り返しの業務だと言っても過言ではありません。そして苦境にある時ほどその責任は重大なものとなります。

大企業では新卒一括採用を実施して、インターンシップ制度を採用し、内定式から懇親会を開き、さらには長期にわたり社員面談を行っています。しかし中小企業では計画的な採用に時間や費用をかける余裕がないこともあり、中途採用中心の場当たり的な採用とならざるを得ないのが多くの中小企業の現実ではないでしょうか。

これは採用に限ったことではありません。中小企業では、①ＯＪＴ（オン・ザ・ジョブ・トレーニング）などの教育、②資金繰り、③在庫管理、④法律の改正情報など、採用から育成、労務管理に関わる対策全てにおいて不足しているのが現状です。しかし逆に中小企業の良いところは経営者の意思決定が浸透しやすい点でしょう。私は労使のトラブルやミスマッチによる退職者の相談をよく受けます。普通の人を少しずつ日々成長させていく仕組み作りをすることで会社は成長していきます。そして弱点が改善されると短期間に効果が目に見えて表われて来るのも中小企業の利点なのです。

生物学者のダーウィンの有名な言葉に、進化論を端的に表現した「**この世に生き残る生物は激しい変化にいち早く対応できたものである**」というものがあります。この言葉は本来の「進化論」とは別に、「**企業や人は環境変化に対応しなければ生き残ってゆけない**」との「戒め」としてよく使われます。環境変化に対応するためにはまず、会社や社内がどのような環境にあるのか現状を正しく把握しなければなりません。また今日では在宅勤務の増加やインターネットの普及などにより、生身のコミュニケーション不足が危惧されています。

労務トラブルの多くは感情的なもつれから生じます。ネット時代になればなる程、コミュニケーション重視の経営がより求められているのです。

本書では私がよく対面する様々な課題や疑問点などの解決策や具体的な事例をご紹介いたします。社員と共に成長し発展する環境整備が大切であり、日々の工夫の積み重ねができるか否かで勝敗が決します。

本書が皆様のお役に立てることを心から希望しています。

中橋　章好

経営は人や！　社員さんが笑顔になる会社にしなさい　目次

第1章

中小企業にとって必要なもの

1. 悲惨だった家庭（祝福し、癒し、鼓舞する心を大切に）

私は5歳ぐらいまでの記憶が殆どありません。というのは私が2歳か3歳のときに両親が離婚して祖父母に預けられて育てられ、色々な所を転々とする生活をしていたからです。祖父母は運送業を創業し、父たちに事業承継を済ませて引退生活だったのです。祖父母は裕福で優しく、私にあふれる程の愛情を注いでくれました。祖父母の家の近くには社員寮もあり、運転手さんとも食事を共にしていました。しかし「家庭」というのとはどこか違う場所だったような気がします。

私が5歳のときに父が現在の母親と再婚して、新しい生活のスタートを切りました。しかし新生活は悲惨な日々でした。父は中小企業ながら会社役員だったので貧乏ではなかったはずですが、裕福さを感じたことはありませんでした。

父は仕事熱心な人で私が幼い頃は殆ど家にいませんでした。帰ってきたと思ったら夫婦喧嘩をしているか、母に仕事の愚痴を言っていました。父が帰ってくる時間帯には寝るように言われていました。

その当時我が家では小型犬を飼っていたのですが、夫婦喧嘩の巻き添えをくらって、父が「うるさい！」と怒鳴った上に小犬をキックしました。「キャイーン」と犬の鳴き声が聞こえると、「次は私の番かも!?」と、布団の中で慄《おのの》いていました。

当時のことですが、襖《ふすま》を何枚もガタガタガタと、どんどん開けて行っても後ろから父が追いかけて来て私は逃げ惑う……という夢をよく見ました。

父が仕事熱心だったのは良かったのですが、反面とても短気で暴言も多く、いかにも中小企業の典型的な社長さんという感じでした。しかし私も振り返ると35歳で創業した当時は、顧客獲得に必死で、父と同じような振舞いを家庭内で行っていたなぁと反省しています。

ビールを飲みながら繰り返し職員の愚痴を言っていました。そして妻は子供たちを子供部屋に避難させていました。父と全く同じ所業をしていたのです。家では「仕事の話をしないで」と妻によく注意されました。この言葉は全くその通りで反論の余地がありません。因果は巡るとでも言うのでしょうか。幼児体験というのは本当に恐ろしいものです。

私がなぜこのようなエピソードをご紹介するかと言うと、反面教師として素晴らしい人生を送るためには何が必要で、また何が災いをもたらすかをお伝えしたいからです。これは企業人である前に、人として最も大切なことだと思うからです。夕食を家族で摂ることはとても大切です。でもそれも、必ず良い会話と共に明るく楽しく、心を開放して摂る習慣を身につけることで私たちの生活は素晴らしい方向に導かれ、ひいては経営も好転すると実感するからです。

人は様々な属性で成り立っています。例えば私は経営者であり社会人であり、また夫であり子であり親であり、友であり先輩であり後輩であり男であり昭和生まれでありと、多様な側面があります。いくら経営者だと言ってもそれだけで私の全てを説明できる訳ではありません。これらの様々な「属性」の奥にある「私そのもの」が心の底から満足して喜べる人生であることが重要なのです。

ではここで、米国で活動したアイルランド出身のニューソート思想家、ジョセフ・マーフィー著『**眠りながら成功する**』の中から素敵な一節をご紹介しましょう。

私たちの大部分は年少時代から悪い暗示を与えられてきております。それを拒む方法を知らないので、私たちは無意識にそれを受け入れています。悪い暗示の例をいくつかあげてみましょう。

「おまえにはできない」

自分の言うことに気をつけないといけません。役に立たない言葉は、一切やめなければなりません。

「私は失敗するだろう。私は失業するだろう。家賃を払えない」

などと決して言ってはなりません。あらゆる場所のあらゆる人を祝福し、癒し、鼓舞するようにあなたの心を使いなさい。


私が35歳でサラリーマンを辞め社会保険労務士として独立するとき、私の周囲は反対意見が多かったのです。

「社会保険労務士で食べていけるの？」

「60歳で定年になってから始めた方が良いのでは？」などです。

しかし妻と父は独立開業に前向きな応援をしてくれました。

「よくわからない仕事やけど、一度やってみたらええのと違うか？」

父からの応援メッセージが仕事への原動力になりました。あの誰よりも恐ろしかった父が仏様のように見えました。妻と父には感謝の言葉しかありません。

会社も家庭も同じです。「**組織が育てば個人も育ち、個人が育てば組織が育つ**」と言います。子を育てるように個人を育て、成長させることを常に意識して発言する習慣を身につけることをお薦めいたします。

2．楽しみにしていた舞台、行ってみたら誰もいなかった（人生の脚本を書こう！）

人生は舞台に喩《たと》えられます。幕が上がり演者はあなたです。ストーリーもあなたが書きます。幕が引かれた後に何度もアンコールが鳴りやまず、拍手喝采のうちに終わるかもしれません。または、もしかしたら舞台が始まると客が一人、また一人と席を立ち、終盤になると客は誰もいないかもしれません。どちらを選ぶかはあなた次第です。

私の大好きな映画をご紹介いたします。『**ロッキー**』（１９７６年）は、当時無名役者だったシルヴェスタ・スタローンが脚本を書き、自分を主演に撮影しアカデミー賞3部門を受賞した伝説の作品です。当時28歳のスタローンはオーディション惨敗の無名俳優で、毎日の犬の餌代にも困るような生活でした。そこで彼は「俺に合う役がなければ自分で作ればいいんだ！」と3日間で脚本を書きあげました。脚本が完成し最高の作品ができたと喜んだものの映画会社につてがなく、オーディションで審査員に無理やり脚本を売り込む作戦に出ました。

その結果、そこにいた二人のプロデューサーが食いつき、脚本を1，000万円から4，000万円で買うことを提案しました。しかしただ脚本を買ってもらうのではなく、「俺を主役でロッキーを撮ることこそが条件だ」と熱意を示しました。こうして3億円という低予算で制作された『ロッキー』は全世界で341億円の興行成績をたたき出しました。映画がスタローン自身の人生を重ね合わせるような内容で感動的です。

その後シリーズ化し、『ロッキー2』『ロッキー3』『ロッキー4炎の友情』『ロッキー5最後のドラマ』『ロッキー・ザ・ファイナル』『クリード・チャンプを継ぐ男』『クリード炎の宿敵』と続くことになります。『クリード・チャンプを継ぐ男』では、かつてのライバルであったアポロの息子のトレーナー役をスタローンが演じます。

人生においてビジョンは脚本に喩《たと》えられます。私の人生の脚本を簡単に書くと次のようになります。ちなみに私は間もなく57歳の誕生日を迎えます。

◆リハーサル　34歳まで　会社勤務をしながらビジネスルールを学ぶ
◆序　幕　35歳～50歳　社会保険労務士として開業、新規開拓
◆中　幕　51歳～65歳　事務所発展・事務所の承継準備
◆終　幕　65歳～　事業承継を完了して、人生完成の仕事を作成する

「**この時期にはこのことをしなければならない**」とスケジュール化することが必要です。そうすれば、思った通りに人生は動きます。しかし願わなければ叶わないのです。それぞれのステージの成功の積み重ねで素晴らしいフィナーレを迎えることが出来るのです。ひとつひとつのステージの成功ためには時々刻々の努力が必要です。キャストや舞台が整いました。あとは全力を尽くすだけです。そしてあなたは素晴らしいラストシーンを迎えることでしょう。

3．クリスマス翌日のケーキ（値決めする際の要点）

「**値決め**」は商売人の命と言われるぐらい大切なものです。私が携わっている社会保険労務士の仕事の成果物は「就業規則策定」などですが、基本的には無形のサービスです。かつては社会保険労務士会の報酬規程などもあったのですが、今は廃止され顧問先様にご納得頂いた価格で継続する努力を常にして行かなければなりません。

長いデフレ下の中、ＢｔｏＢ（Business to Business：法人向けビジネス）、ＢｔｏＣ（Business to Consumer：個人向けビジネス）でも値下げ合戦の嵐です。賃金が下がりディスカウント商品に殺到すると、まさにデフレスパイラルが起こります。私は「ガメツイ」「ケチ」と言われる代表選手、大阪商人のような方々にも納得して頂くためには、工夫とポリシーが必要だと考えています。

報酬を決める決意と、そのための努力を日々積み重ねなければなりません。ニトリのように「**お値段以上**」と、値切られない工夫をしなければなりません。値切ることをコミュニケーションと考えている、もしくは見積り書を見たら取り敢えず値切る人が一定数存在します。グローバル化によってデフレが進行しているから仕方がないとの意見も聞きますが、果たして本当にそうでしょうか。

ディズニーランドのワンデイパスポート・チケットを例にとって比較すると、東京ディズニーランドの料金が７，９００円から９，４００円です。フロリダのディズニーワールドが約１４，０００円で、カルフォルニアや香港が約１０，０００円となっています。世界中のディズニーランドの中で東京ディズニーランドが一番安いのです。しかしそれでも最強のコンテンツを充実させて数千円値上げしてきたのです。アイスバー「ガリガリ君」を発売する赤城乳業が、役員と社員が一斉にお辞儀するテレビコマーシャルを打ちました。「25年踏ん張りましたが、この度ガリガリ君を60円から70円に値上げさせていただきます。」

米国も中国もインフレなのに、日本はデフレ圧力が強い国民性と言えます。

私は以前、絵画販売をしていたこともあり好きな画家はたくさんいるのですが、その中でもパブロ・ピカソが好きです。その理由は２つ。

①現状に満足せず常に画風を変化させていること

②プレゼンテーション能力（提案能力）に優れていること

ピカソの作品は一般的に、制作年代により「青の時代」「桃色の時代」「キュビスムの時代」「新古典主義の時代」「シュールレアリスムの時代」に分類されます。常に新しい出発点に立ち戻り、新たに原点から作品に立ち向かった結果、一箇所に立ち止まらずに大きな飛躍をすることが出来たのかもしれません。

ピカソの人生中期、パリ・モンパルナスの街角である婦人が、「私の肖像画を描いてくれませんか」とピカソに頼みました。

「ああ、いいですよ」と言ったピカソは、5分ほどでさらさらとデッサン画を描いて渡しました。

「代金をお支払いします」

「1万フランになります」（およそ５００万円と予想されます）

婦人はびっくり！　たった5分で描いた肖像画に法外な金額を請求されたのですから無理もありません。しかしピカソは、

「確かにあなたとお会いして5分間ですが、この画風を構築するのに50年かかっていて、その費用の請求です」と答えたそうです。ピカソは晩年、作品にはなかなか仕上げのサインをしなったそうです。

ある画商が言いました。

「ピカソ先生、画廊に置く絵を回してください」

「うーん、渡す良い絵がないなー」

と言って出し渋ったそうです。

ピカソは市場にたくさんの作品が出回って価格が暴落するのを警戒していたのです。

オークション会社のサザビーズが最高値をつけるのは初期の「青の時代」の作品なのです。

そしてピカソが90歳で亡くなった後、何万点という作品が倉庫から発見されたのでした。


どうしてクリスマス翌日のケーキはいくらディスカントしても売れないのでしょうか。顧客がケーキを食べて欲求を満たしているから、顧客が正月気分に突入しているからなどの理由が考えられます。ケーキを正月モードにするとか、ショートケーキにするとか、イチゴの価値を再アピールするなどの知恵を出せばディスカウントしなくても良いかも知れません。いつも価格に対してどのように訴求するかを考える必要があります。

4．日本人はヒーローを求めていない（経営理念や経営信条の策定にあたって）

昔、グルメ杵屋の創業者で、当時代表取締役社長だった椋本彦之さんの「私の経営理念」という講演会を拝聴したことがありました。その一部を以下にご紹介いたしましょう。


指示ばかりしている会社は落ちていくのです。人を燃やしていくことが大切なのです。ポーンと良いことができれば、誉めてやることが大切です。

私の会社は燃えてきた。学校も燃えてきた。

「あれをやれ、これをやれ」ではだめで、燃やすことが大切なのです。

最後に、母親に言われていたことが、兄弟みんな頭に残っています。

★5つの母親の言葉
1．兄弟仲良くします
2．しんどいことから先にします
3．コツコツと積み重ね

4. よそのこと見て我がふりなおせ

5. ひげを設けようとするな（小さいお金をコツコツと儲けなさいということ）

やはり大切なのは「**人間尊重**」です。経営理念や経営信条（**クレド**：Credo）に、人間尊重を謳《うた》う企業は多いのです。企業の経営資源は、**ヒト・モノ・カネ・情報**と言われ、最初に、ヒトが登場していることからもわかりますね。人間は一人ひとり価値観をもった存在といわれます。

組織として成り立ち成果を生み出すためには、お互いが価値を認め尊重し合うことが大切であると私は考えます。

しかし、お互いを尊重し合うということは「言うは易く行うは難し」です。人間は誰しも自己中心的な部分があるからです。

自己中心的というのは言い換えれば利己的であり、「**利己愛**」が強いということです。それに対して「**自己愛**」とは自分と他人の価値を認め受け入れることです。

自己愛と利己愛は違うものです。自己愛が強い程、向上心が強く無限の可能性に向かって自己訓練していくはずです。しかし、それだけが強くなるのでは、人との関わりがもてず自己愛でなく利己愛になってしまいます。縦軸に自己愛、横軸に貢献のベクトルを伸ばしたグラフを下に記します。真の成功は自己愛だけが大きくても貢献だけが大きくても到達しません。自分の価値を認める自己愛と人々への貢献が共に大きくなった、右斜め45度の方向に真の成功があるのです。貢献なき利己愛は独善的かつ独裁的で自分以外の人の価値を認めなくなります。そのためにも、クレド（信条）の研究は慎重に行わなければなりません。

◈［自己愛］と［人々への貢献］の相関図

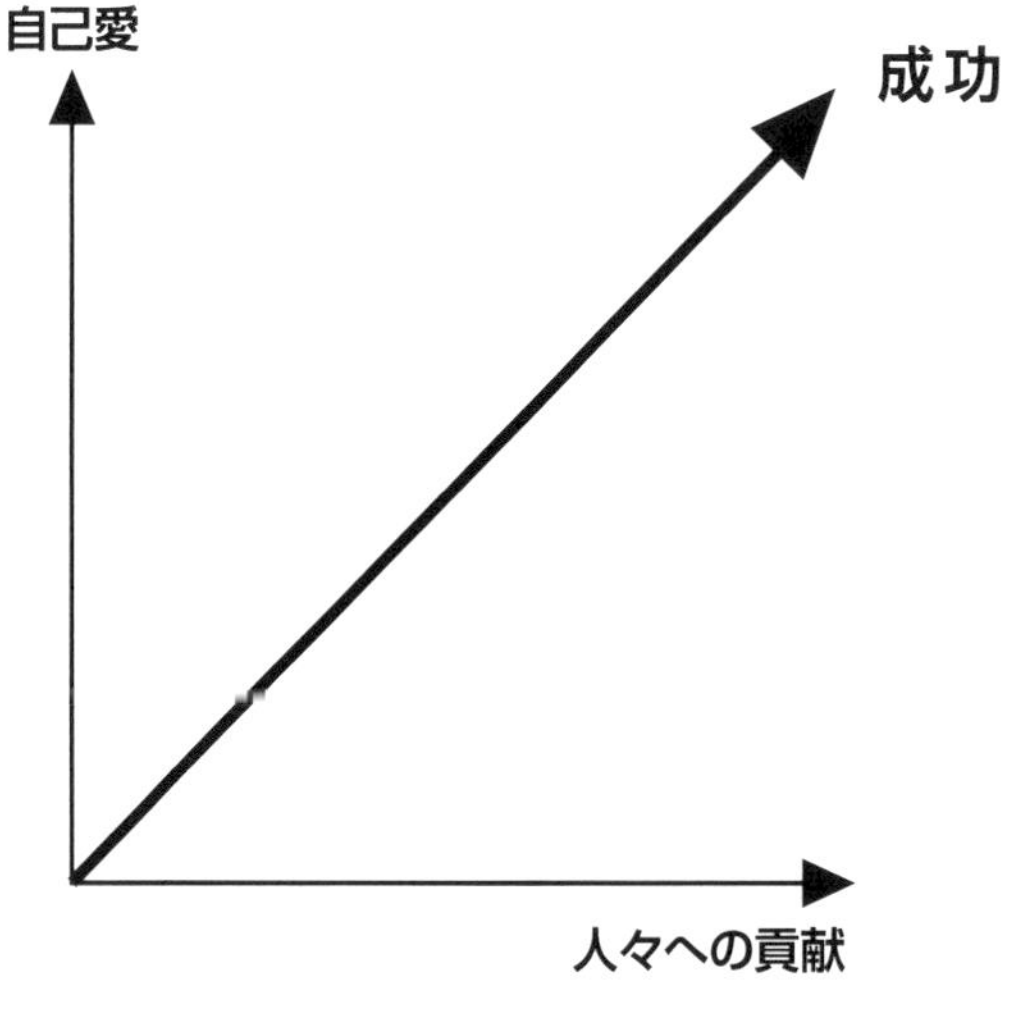

京セラ名誉会長・稲盛和夫氏の言葉に、理念を浸透させるヒントがあります。

「安易に近道を選ばず、一歩一歩、一日一日を懸命、真剣、地道に積み重ねていく。夢を現実に変え、思いを成就させるのは、そういう非凡なる凡人なのです」

稲盛会長は同じことを社員に向けて何度も語りかけました。また各責任者にも同じように、その部下の社員に何度も語りかけるように指導したとのことです。「壊れたレコード」のように何度も何度も語りかけないと上層の考えは浸透しないのです。

「そのことは、この前言ったよね」という経験は誰もがあることだと考えます。

価値観や理念を共有化するためには、繰り返し繰り返し「壊れたレコード」のように語りかけないと成果につながらないのです。

国民性の例え話で、

アメリカ人は「ヒーローになるために行動する」

イギリス人は「ジェントルマンになるために行動する」

ドイツ人は「ルールに従って行動する」

そして日本人は「みんなといっしょに行動する」というものがあります。

経営理念・社是・社訓・行動指針は、誰にも分かり易く不変なものにすべきであると考えます。国民性に違いがあるように日本の会社には日本人に相応しい形があるはずです。深く会社に浸透している理念があり、理念に沿って行動していることが必要です。

5. あなたにとって「頂点」はどこですか？（エニアグラムによる9つの類型）

「成功するには、どうすれば良いですか」

このように聞かれることがありますが、私自身に関しては、まだ歩き始めたばかりのひよっ子です。では成功とは何なのでしょうか。私は成功は「自分自身の目標をどこに置くか」にあると考えます。

エニアグラムは、９つの性格類型を心理学的に解析した「ビジネスツール」です。ビジネスの場では職場の対人関係のダイナミクスを洞察するために活用することがあります。

エニアグラムの基本原理となるのは「人間の本質は９つに分類できる」という考え方です。

本質とは、本性が出てきたときに行動する源という考え方です。職場や家庭生活の中で、性格の異なる人たちと接する機会が多いと思います。例えば世の中には「**自分だけが正しいと思っている人たち**」がいます。こういう人たちは他人のすることが悉《ことごと》く気に入りません。こんな上司の下にいる部下は書類を持っていく度《たび》に小さな間違いをいちいち指摘され、時にはコピーが少しずれているだけで注意されてしまいます。これもエニアグラムでみると、「**細部まできちんと完璧にしないと気が済まない**」というのも一つの価値観になります。と同時に、「**些細なことはどうでも良いではないか**」というのもまた、一つの価値観になります。エニアグラムで言うと、どちらの価値観も正しいということになります。

エニアグラムは人に「あいつはあのタイプだから……」といったラベルを貼って納得するためのものではありません。第一の目的はまず「**自分を知ること**」です。**自分の心や気持ちの仕組み・感情の出方・考え方・行動・その背景**を知り、**人生の原動力がどこにあるのか**を知る手助けになるのです。

私自身はエニアグラムの「タイプ３」と診断されています。タイプ３は「**自分の価値を人の評価におく**」傾向が強いタイプです。またタイプ３は成功志向ですが、それは単に成功という結果だけでなく、成功した自分を世の人が称賛してくれることに重きをおくタイプなのです。自分が皆の中心にいていつも注目を集めるキーパーソンであり、拍手喝采で迎えられるような、有能で重要な人物であると感じられる時に最も満足を感じます。ともすると人からの評価が自分の価値のバロメーターになってしまいがちですが、これがタイプ3を現実に成功へと駆り立てる原動力になっているのです。悪い面はその場その場で自分が有能だというイメージを演出するので「一貫性がない」「結果にこだわりすぎる」「自分の役に立たない人を相手はしない」「失敗を極端に避ける」とされています。

エニアグラムのワークショップでは、テーマに従って絵を描いて語り合うことを行っています。このワークショップによって、より具体的な成功のイメージができることになります。

私自身は山登りで仲間と一緒に頂上に到達する絵をいつも描きます。山登りでも「この先、果てがないよ。道がないよ。迷い道だよ。引き返した方がいいよ」と、会う人ごとに否定的な声をかけると、誰もが腰を下ろし登るのをやめてしまいます。逆に「がんばれ！」「もう少し」「山小屋までがんばろう」と仲間たちに肯定的な言葉をかけることによって一歩一歩踏みしめていくことが出来るのです。

エニアグラムについては後ほど（P82）詳しく解説いたします。

下図は９つの性格の相関関係を図にしたものです。エニアグラムは人の性格全体を網羅的にとらえようとする理論です。

詳しくは左記の「日本エニアグラム学会」のサイトをご参照ください。

https://www.enneagram.ne.jp/

◉エニアグラムの診断表は巻末（P186～P187）にあります。一度ご自身を診断してみてください。

◈［エニアグラム］9つの性格の相関関係図

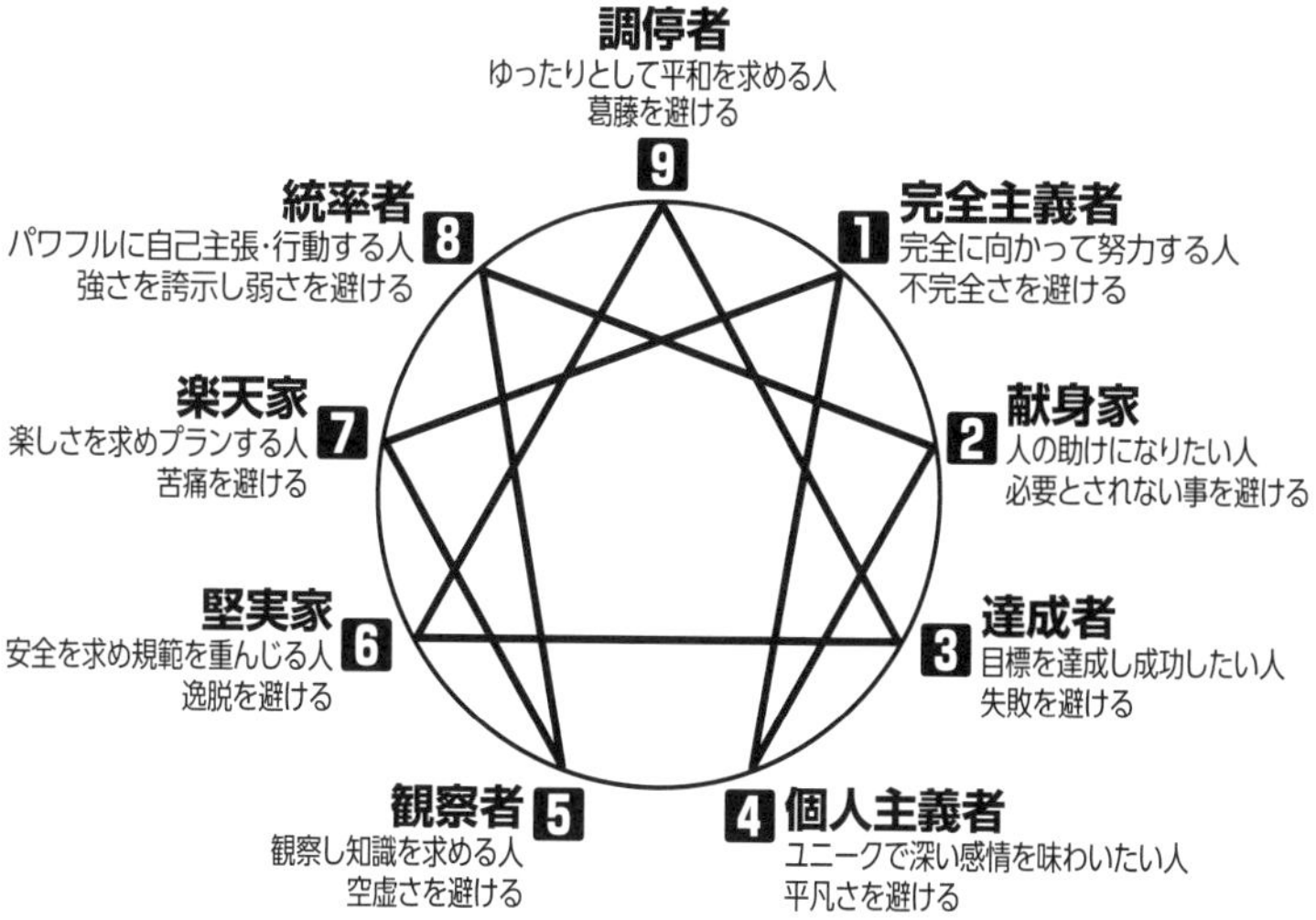

6．銀のスプーン（母から授かった金銭感覚）

私の母はお金の管理に大変厳しい人でした。私は小学校の時から自宅でやっていた自営業の手伝いをしていて、そのアルバイト料をもらうと「貯金しておくから」と母親が言うので、アルバイト料を母に手渡すのが習慣になっていました。お年玉も一定額以外は母に預けていました。もちろん別に日々のお小遣いはもらっていたのですが、やはり子供ながらに恨めしく思ったのも事実です。

「超合金のマジンガーZが欲しいな」と思っても「買って欲しい」と口に出して言う勇気も無かったので、持っている友人宅によく遊びに行っていました。所有しなくても結構満足できるものなのです。

母の貯金活動は私がサラリーマンとして働いてからも続きました。生活費の名目で母に毎月3万円程度を渡していたのですが、これを貯蓄してくれていたのです。東京でのサラリーマン生活では毎日のように会社での飲み会が続き、独り暮らしのため生活が苦しかった記憶があります。

でも幼いころからの厳しい金銭教育のおかげで、サラリーマン時代に浪費することもなく、独立後の事業もなんとか継続できたのではないかと母に感謝しています。私が結婚したときに、そのコツコツ貯めた貯金を結婚祝いといっしょに渡してくれました。

母がもう一つよく言っていたことは、次のことです。

「他人に印鑑を渡すな」「他人の書類に印鑑を押すな」

自分の限度を超えて連帯保証人などになるなということだと考えます。

事業は順調だった父の友人が連帯保証人になって連鎖倒産のあおりを受け、ロサンゼルスに夜逃げせねばならなくなったことがありました。家族とはバラバラになり身を潜めるように暮らしていました。ある日、大阪に帰ってきて父の会社で何十年か働いた後、自分の会社を再興しましたが、その人生はまさに波瀾万丈なものでした。その父の友人は私にとても優しく、知的な話をして下さるので大好きな方でした。

「1つの油断が人生を狂わせる」と私が心に刻む人生の1ページです。

事業で大切なのは「**自己資金管理**」です。経営における数字指標は沢山あります。売上高・利益率・人件費率など気にしないといけない数字が多数ありますが一番大切なのは「自己資金」です。自己資金は体に例えると「**血液**」です。出血が止まらないような怪我をしているときは、まず止血して生き延びるための処理をしなければなりません。

月末の支払いに給与の支払い、仕入れの支払い、家賃の支払い、銀行の支払い、社会保険の支払い、税金の支払いなどです。毎月、支払いをどうしようと考えていると前向きな事業運営ができません。毎月の支払いが苦しいのに採用活動を続けていたり、新規出店を続けている経営者もいます。まずは自己資金の安定を最優先にすることをお薦めいたします。

また、会社の不正を絶対許さないという姿勢を示すことが必要です。中小企業はどうしても家族経営的になって社内で諍《いさか》いを起こしたくないという気持ちになりがちです。「少しぐらいは良いか」が、どんどん大きな事件を惹《ひ》き起こします。切手の横領が商品の横流しへ、10円の経費水増しが１００万円の横領へとつながっていきます。金銭チェックシステムに関してはひとりだけではなく、複数人でチェックする仕組みを社長自ら構築する必要があります。

◆銀のスプーンをくわえて生まれてくる子供は、銀のスプーンを口から放す

銀のスプーンをくわえて生まれてくる子供とは、富貴な家に生まれくるとの意味で、古くからヨーロッパでは願望を込めて、生まれたばかりの赤ん坊に「**銀のスプーン**」を贈るという習慣があります。しかし金銭教育を幼い頃から実施していかないと、銀のスプーンを口から放すばかりで次世代へ引き継ぐことはないでしょう。

経営の安定の上では、自己資本比率を高める努力を常に怠らないようにしなければなりません。大企業は自己資本比率が高くなっていて、逆に中小企業は自己資本比率が低下しているという統計があります。業種や規模にもよりますが、**自己資本比率40％から50％を目指す**ことをお薦めいたします。

第2章

人を採用するとき

1．採用が一番大事

私が社長さんから受けるご相談で多いのは次のような質問です。

「問題を起こす社員が多い」

「頻繁に遅刻・欠勤する」

「まったく仕事をしない社員がいる。勤務時間中に寝ている」

「能力が極めて低い、指示したことが守れない、話を聞いていない」

「最低限の社会的ルールが身についていない」

など、社員のちょっとしたトラブルは毎日のように相談があります。しかし、これらのトラブルが積み重なって労働事件につながる可能性が高いのです。問題行動を起こす社員についての対処法などは後述しますが、**重要なのは「採用活動」**です。


日本型人事制度は年功序列と終身雇用が基本になっています。これは日本の根深い風土・文化と言えます。ですから、著しく低能力な社員を採用した後にいきなり降給したり解雇するのは難しく、このようなことをバンバンしているとブラック社長のレッテルを貼られてしまいます。しかもそれだけでは終わらず弁護士から内容証明が届いたり、労働裁判になったりと、労働事件に発展することもあるのです。労働事件に発展する要因は採用が9割と退職が1割だと経験上感じています。従って人を雇う上ではまず採用戦略を立てることが何より重要なのです。

中小企業が社員を雇う一般的なパターンは、**▼業務量が増えて手が回らない▼ハローワークで求人を出す▼採用する▼数日で退職する▼再度求人する▼今度は数か月で退職する▼また求人する、**の繰り返しです。もしかすると求人を出しても全く反応がないという場合もあるかもしれません。社長や主要メンバーはどんどん多忙になります。こうして採用に時間や費用をかける事が出来なくなっているのが実情ではないでしょうか。

どうして人材採用は難しいのでしょうか。求人の状況を知るための指標として「有効求人倍率」があります。「有効求人倍率」とは仕事を探している人1人に対して、現在何件の求人があるかを数字で表示したものです。例えば「有効求人倍率」が1.0ということは求職者1人に対して求人が1件あるということです。

「有効求人倍率」が2.0であれば求職者1人に対して求人が2件あるということで、「有効求人倍率」が大きくなればなるほど求職者が有利な「**売り手市場**」となります。企業側からみれば人材不足で採用激化となります。
主要な「有効求人倍率」を見ていきましょう。

◉全国の有効求人倍率の推移（一般職業紹介状況）２０２０年12月

２００９年　０・４７倍　（リーマンショック後）
２０１４年　１・０９倍　右肩上がりに上昇
２０１８年　１・６１倍
２０１９年　１・６０倍
２０２０年　１・１８倍　（新型コロナウイルスの影響で大きく低下）

◉大阪府フルタイムの有効求人倍率（職業別抜粋）２０２１年３月

情報処理・通信技術者　２・２９倍
医師・歯科医師・獣医師・薬剤師　１・８５倍
保健師・助産師・看護師　２・２３倍
社会福祉の専門的職業　３・４８倍

一般事務の職業　0・25倍
会計事務の職業　0・56倍
営業の職業　1・46倍
介護サービスの職業　3・19倍
保安の職業　6・01倍
金属材料製造・金属加工・金属溶接・溶断の職業　2・25倍
建設の躯体工事の職業　11・96倍
建設の職業（建設の躯体工事の職業を除く）　5・26倍
電気工事の職業　5・24倍
運搬の職業　1・15倍
福祉関連職業（うち介護関係）　4・30倍

全国の求人倍率の推移でみると、新型コロナウイルスの影響で大きく低下していますが、1・18倍と1倍を超えています。

大阪府の地域別・職業別でも事務の職業以外では全て1倍を超えており、人手不足で売り手市場であることがわかります。中小企業は採用について常に超競争状態であることを意識しなければなりません。

次のポイントを押さえておきましょう。

①コロナ禍の低求人倍率下でも中小企業は常に求人困難であること

②大企業は膨大な費用と人材を投入して採用活動を行っていること

③面接試験についてアンケートや複数回面接、複数人面接などを行うこと

中途採用者に過度な期待をせずに、どのような人材が欲しいのか採用基準を明確にしておくことが必要です。最も望ましいのは求人戦略ができていて10年後の人員計画まで出来ているのが理想的です。

2．ハローワーク求人からは、失業者しか面接に来ない

（1）どうしてミスマッチが起きるのか

採用と同じく人に関する縁で決定することに結婚があります。バブル期には女性が求め

る結婚の条件が「**3高**（**高学歴・高収入・高身長**）」と言われていました。しかし時代とともに価値観は変わり、今は「**4低**」が条件と言われています。「4低」とは女性に対して威圧的な態度を取らない「**低姿勢**」、家事や子育てを分担して妻に依存しない「**低依存**」、堅実な仕事に就きリストラに遭うリスクが少ない「**低リスク**」、節約志向で浪費をしない「**低燃費**」を意味するそうです。男性も時代の変化とともにマインドをリセットしなければならない訳で大変ですね。

求職者も大企業ばかりを希望している訳ではありません。地元企業で自分に合った仕事を求めている求職者もいます。ハローワークの求人票の項目で最も時間をかけて見ているのは「**仕事の内容**」です。賃金や規模ではないということです。

しかしハローワークの求人票を見ていると、この「仕事の内容」をすごく簡単に記入しているケースが多くＰＲ不足と言えます。左の手抜き例をご覧ください。

建設業：電気工事施工一般

製造業：金属加工　急募

社会保険労務士事務所：社労士補助・給与計算・社会保険事務手続き

これでは求職者の心に届きません。「仕事の内容」の部分は最大297文字まで書き込みができます。求める人物に対して訴求する効果的な内容を考えましょう。

社会保険労務士事務所の「仕事の内容」を変更して詳しく記すと左記のようになります。如何でしょうか。右のダメな例と読み比べてみてください。

「**9時から5時で残業なしです。時短勤務も可能です。ノルマがありません。一人一台PCを持ちコツコツと周囲に相談しながら仕事ができます。お客様との電話対応、助成金センター及び年金事務所などへの書類作成、行政対応業務、顧客への提案書類のワード、エクセルでの作成、電子申請による社会保険事務手続きなど、お客様と行政の架け橋になる仕事で皆様に感謝されスキルアップが図れます**」。これで200字弱です。

求める人物像を明確にして会社の良い所、仕事のやりがいをPRしましょう。

求職者からしても、どのような仕事なのかを明確にイメージすることができミスマッチによる退職者を防ぐことができます。

（2）ハローワーク求人の徹底活用

ハローワークに提出された求人情報をインターネット上で求職者が見られるサービスが

あります。「**ハローワークインターネットサービス**」です。この情報は失業中でハローワークに来ている人だけではなく、転職を検討している人も見ることもできます。ハローワークもこのサービスに力を入れており、データシステムを再構築し、求人情報も機能的に整理されました。経営者の中にはインターネット公開することで、人材派遣会社や求人広告会社から営業の電話がかかってくるので困るとの意見もありますが、広く人材を集めて出会いを求めることが必要です。

インターネットサービスの利用で、皆様も同業種や同じ地域の求人を検索してピックアップすることができます。賃金額がどれぐらいで、どんな仕事で、待遇はどのようになっているか等を参考にすることが出来ます。

皆様の会社が、求職者からどのように見られているかを意識することが必要です。賃金額や労働時間などの待遇は大きく変えることは難しいですが、会社の特徴や良い所を知って頂く努力をする必要はあります。ホームページがありましたらアドレスを求人票に入れるようにしましょう。「会社の特徴」の欄に営業品目や会社沿革のみが記載されている例をよくお見受けします。求職者が知りたい情報を記載することが何より大切です。社員にとって良い事、会社の雰囲気、働きやすい点、どのように成長できるのか、などを記載しましょう。

インターネット求人サイトで見逃せないのが、「**Ｉｎｄｅｅｄ（インディード）**」です。テレビＣＭでご存知の方も多いと思いますが、利用したことがないという経営者も多いのではないでしょうか。最大のメリットは無料で求人を掲載できることです。また「Ｉｎｄｅｅｄ」のことを、ハローワークの求人と同じようなものなので、ハローワーク求人を出しているから必要ないと考える方も多いと思います。しかし「Ｉｎｄｅｅｄ」は求人に特化した**Ｇｏｏｇｌｅ（グーグル）**のようなもので、ウェブ上にある、あらゆる求人情報を自動的に収集して、「Ｉｎｄｅｅｄ」のサイト内で探し出せるようになっているのです。求職者は「Ｉｎｄｅｅｄ」で**キーワード**と**勤務地**を入力し仕事を探します。地元で働きたい、地元から離れたくないという人は地元を勤務地に入力するため、地場企業つまり中小企業に強い求人手段と言えます。ハローワーク求人と並行して「Ｉｎｄｅｅｄ」に登録しましょう。

最後になりますが、釣り好きな人は仕掛けを工夫し、場所を変えたり魚を釣るための努力を惜しみません。Ｄ・カーネギー著の『**人を動かす**』に、「**人の立場に身を置く**」という章があります。魚を釣りたいならば、魚の好物のミミズを針につけなければなりません。採用には常に工夫と努力が欠かせません。

3. 面接の達人に会ったことはありますか？

私の事務所では採用面接時にエニアグラムを使った簡単なアンケートを記入して頂いて、その後、面接試験を実施しています。しかしエニアグラム式のテストは分析にも時間がかかる上、使用する面接官の理解も必要ですのでお薦めできません。

面接する上で**禁止事項とされている「3S」**と呼ばれる質問事項があります。**「政治・宗教・スポーツ」**です。「スポーツがなぜ？」と思われるかも知れませんが、家庭環境、恋愛及び出生地を連想させる質問をこちらからする必要はありません。応募者が自主的に話すことに関して「うん、うん」と聞く分には何の問題もありません。

応募者は緊張していますのでアイスブレークとして簡単な質問をしましょう。

「当社の場所はすぐわかりましたか？」

「家からどのように来ましたか？」

などです。

次に、過去の経歴に関して、

「自己紹介をお願いします」

「どのような仕事を任されましたか?」

「退職した時、同僚たちはどのような気持ちだったでしょうか?」

退職時に問題を起こしていないか、すぐに退職しないかは気になるところです。応募者の気持ちに共感して、

「それは退職してもしょうがないね」

「私も同じような経験があるのでお気持ちはわかります」

という態度で本音を聞き出しましょう。ある方向からのストレスに弱い人がいます。会社にとってその人のストレス耐性が大丈夫かどうかを見極める必要があります。

最後は応募者の価値観と会社の価値観が一致している人を採用することがベストです。しかし、売り手市場の中、全てを一致させることは難しいと言えます。ただしこれだけは譲れないというお互いの価値観が一致したときに採用することになります。

面接するときのコツは相手に会話を「**横**」に持って行かせないことです。「**縦**」に持っていくことです。つまり相手のペースで横道に逸れるのを避け、あくまでも会社にとって有用な人物かどうかという「**縦方向**」に導くことを心掛けましょう。応募者は『面接の達人』

などの採用マニュアルや「キャリアセンター」などで研究を積み面接当日には用意周到、準備万端で臨んできます。自由に会話をしていると「何となくいい人」で終わってしまいます。

どんなことでも良いですから、**何か一つの項目に対して徹底的に具体的に聞いていくよ**うにして下さい。例えば過去の就職について聞くことも良いでしょう。

「その会社に入ったきっかけは何ですか？」

「その会社でどのような役割でしたか？」

「その会社で具体的な仕事は何で、どのように感じましたか？」

「その会社に点数をつけるとすると何点ですか、なぜその点になりましたか？」

「会社の人間関係はどうでしたか？」

「その会社ではどのような目標・業務を達成しましたか？」

「その会社でＰＣはどの程度使用していましたか？　エクセルの関数をどれぐらいできますか？」

「顧客や同僚とのコミュニケーションはどのようにしていましたか？」

「会社の人からあなたはどのように見られていましたか？」

「その会社で意見が食い違う事がなかったですか？」

「あった場合どのようにして解決しましたか？」

「その会社で主体的になって、中心となって進めたことはありますか？」

「その会社での成果は何ですか？」

「その会社でやり直すとしたらどのようなことに気を付けますか？」

「何か困難なことはありましたか？　そのときどのように対応しましたか？」


このようにより多くより深く聞いていくのです。面接官の皆様はドラマ「**刑事コロンボ**」のコロンボ刑事になったつもりで同じような事を深く粘り強く聞くことが重要です。同じような質問を聞くことで応募者の人間性や個性を聞き出すことが出来るのです。応募者の個性があなたの会社の風土や求めているものと合致した時が採用のマッチした時となります。全くかけ離れているとミスマッチとなり応募者にとっても会社にとってもストレスになり、やがては大きな損害を受けることになります。

最終的には応募者が「会社で任される仕事に合っているか」「会社の雰囲気とその応募者が合っているか」「会社の上司や仲間と合っているか」を判断して採用することになります。

しかし、「あまりにすらすらと答える応募者は要注意」ということを忘れないで下さい。仕事能力より面接能力に優れている人「面接の達人」は実在するのです。その人が仕事も達人かと言うとそれは別問題なのです。

また、採用面接には簡単で良いので面接マニュアルを作成することをお薦めいたします。

4. スター社員とはどんな人？（リーダーは常にポーラスター！）

会社はどのような人を求めているのでしょうか。それはズバリ、「**素直で、性格がよくて、仕事が出来て、真面目な人**」です。

ではここでより具体的に考えるために業績面から人材を考えてみましょう。

後掲の図はボストン・コンサルティング・グループの伝統的な企業分析手法です。

ＰＰＭとはプロダクト・ポートフォリオ・マネジメント（Product Portfolio Management）の頭文字をとったビジネスフレームワークです。複数の商品・ブランドを販売する企業が戦略的観点から事業資金をどのように配分するかを決定する経営管理手法なのです。市場成長率とマーケットシェア（相対的市場占有率）の2軸を元に、事業を**花形**（Star）・**金のなる木**（Cash Cow）・**問題児**（Problem Child）・**負け犬**（Dog）の4つに分類します。これを人材モデルに置き換えて考えています。

（出典：http://keiei-manabu.com/strategy/product-portfoliomanagement.html）

今では一般に「**人材分析**」にも応用されています。縦軸にその人の現在の業績をとり、横軸に長期的な将来性（ポテンシャル）をとって、人材を以下の4つのグループに区分する分析方法です。

［**スター**］現在の業績が抜群で、将来性も大いに望める人材のこと。究極の価値創造者であり有望な人材です。会社の負担するコスト（人件費や福利厚生費など）よりはるかに大きな価値を創り出しています。

［**キャッシュカウ**］現在の業績は非常によいが長期的には疑問のある人材のこと。例えば長年にわたり立派な業績を残してきた人でも、退職間近や目先の仕事は真面目にするが将来のビジョンや長期的な上昇志向のない人材などがこのグループに属します。

［**チャレンジ**］現在の業績は必ずしも期待どおりでないが、将来に期待が持てる人材のこと

◈ [PPM] 4つの区分図

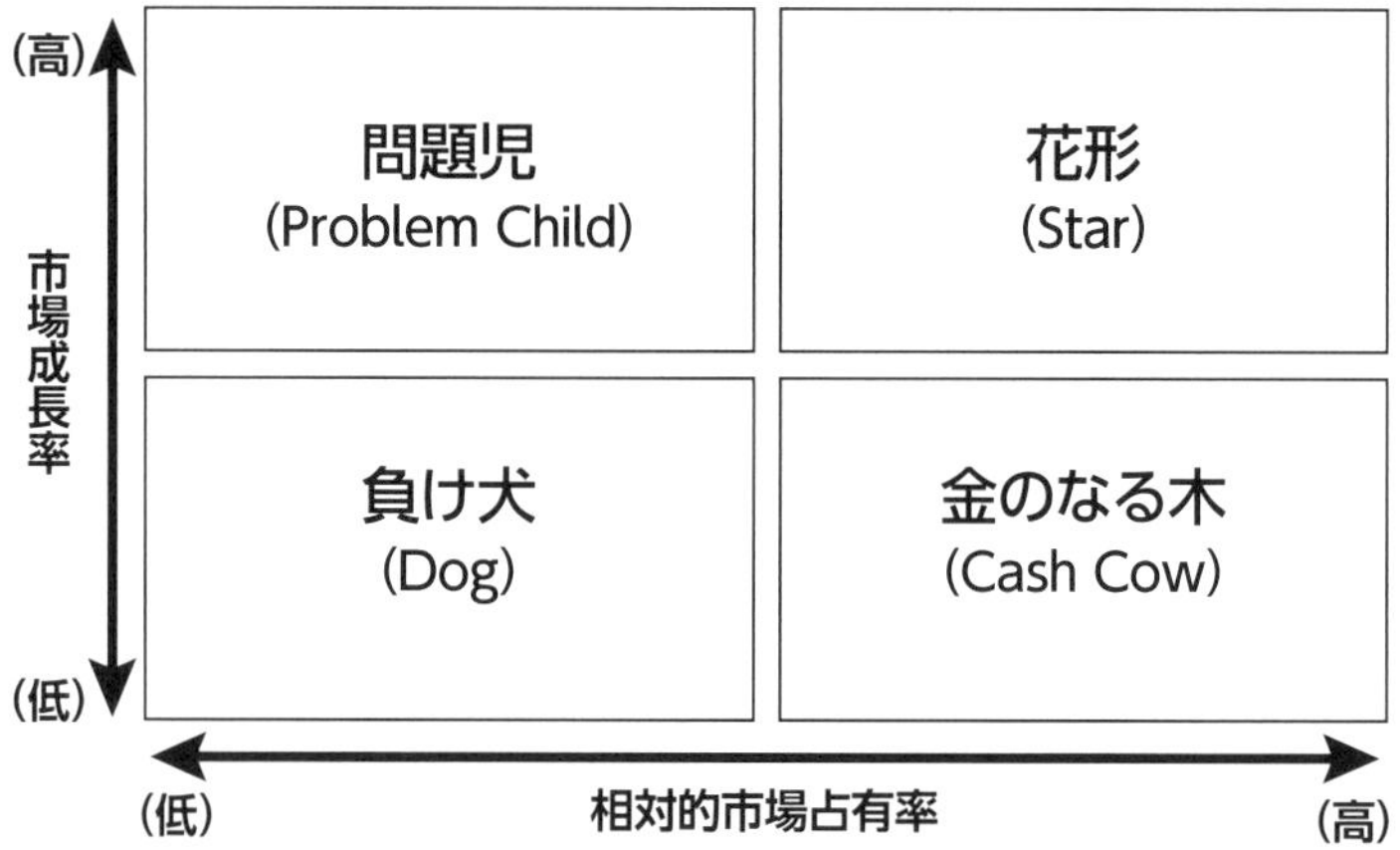

◈ 人材分析に応用された相関図（人材モデル）

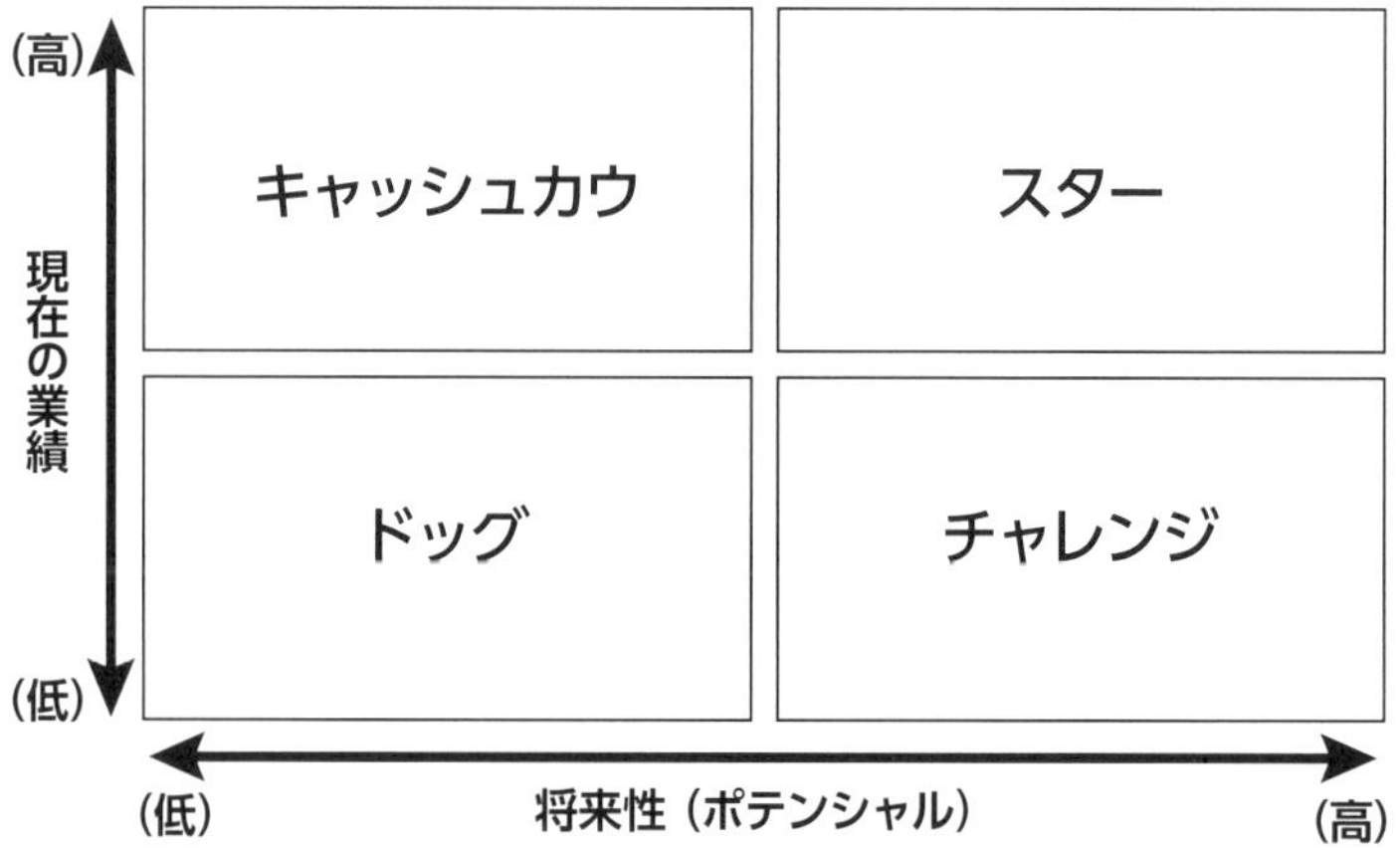

です。

［ドッグ］現在の業績も悪く期待できない人材のこと。本人の提供する価値より会社の負担するコストの方が高いです。

「じんざい」は人財・人材・人罪と表現したりします。従来、日本的年功序列賃金では、［スター］であっても［ドッグ］であっても報酬面ではそれほど差が出ない仕組みになっていました。日本特有の平等主義で全員にやる気を出させるために一律昇給・一律賞与配分を実施してきた企業も少なくないのです。

しかしこれは［スター］と［ドッグ］の歴然たる格差をうやむやにするやり方で、［ドッグ］を救済するために生産性が下がり利益額が下がることも考えられます。平均以下の［ドッグ］を数多く集めるよりも、有能な人財を確保しうまく引き留める仕組みを備える企業が勝ち組になるでしょう。

行動は「態度」から生まれるといいます。「知識」「技能」「態度」はお互いに他に影響を及ぼして一つの総合能力となり「行動」となって表れます。知識として知らないことは実現させることも出来ませんしやる気（態度）も起こさせません。一度やる気になれば色々なことを知る努力をし、そのための技能も身につけようとします。そして能力を体得し、かつやりとげる力があると自覚すると自信がつき意欲も湧いてきます。

「知識」「技能」「態度」のうち最も大切なものは「態度」です。人が何事かをやろうとするときの決め手になるのは、感情的なところで納得するかどうかです。理屈でなく感情が大切です。仕事ができて行動できる人は感情コントロールが上手といえます。

リーダーは社員の誰に対してもぶれない姿勢が大切です。リーダーは誰に対しても方向性が一致していることが必要です。「ドッグ」の社員を引き上げるという本気度も必要です。そうでないと社員間に二極化が進んでいきます。光の当たらない社員ほど光を当て、方向の定まらない社員ほど明確な方向を指し示すことが必要なのです。目印も標識もない大草原を旅する遊牧民にとって唯一の目印は北極星だったのです。リーダーは社員に対していつも変わらない北極星（ポーラスター）でなければならないのです。

5．アルバイトが食い逃げさせている

（1）問題社員とは

「問題社員」とは一般的に権利意識が強く仕事をしない社員を意味します。しかしよく考えてみると彼らは採用面接の時から問題を起こしていたでしょうか。明らかにこの人は問題社員だという人は会社も採用しなかったでしょう。

日々の業務の中で問題社員の種が芽生えモンスター化して、やがて問題社員になっていくのではないでしょうか。

問題社員とはどのような行動をする人でしょうか。箇条書きにしてみましょう。

①遅刻や欠勤を繰り返す人
②仕事はろくにしないのに権利ばかり主張する人
③職場での協調性がなくマイペース過ぎる、会社の風土を乱す人
④ダラダラ残業、生活残業、付き合い残業が多い人（生活残業とは、生活費を稼ぐために従業員が意図して残業する行為）

⑤セクハラ、パワハラを連発する人
⑥退職時、あまりに長い有給休暇を請求する人
⑦社内・社外で会社の批判ばかりする人
⑧私用メールや私用インターネットばかりしている人
⑨始末書・欠勤届などの書類の提出を拒む人
⑩会社の金銭や備品を持ち出す人
⑪顧客情報や企業機密を持ち出す人
⑫伝票をごまかし友人にごちそうしている人（アルバイト社員が食い逃げさせている場合など）

では、このような問題社員の発生を防ぐにはどう対応すれば良いのでしょうか。

（2）問題社員を発生させないために（面接と入社後のケア）

問題社員が発生すると社内のモチベーションもダウンします。ですから問題社員を発生させないためにはまず「入り口」となる「面接」が最も大切なのです。

◉多方面からの質問やアンケートを活用して問題社員になる危険性があるかどうかを判断

する。

◉2人以上の面接官をおくことなど細心の注意を払う。

私の事務所では面接の他に「エニアグラム」を使ったオリジナル適性検査を実施しています。

また一旦雇用した社員に対しては以下のようなケアが大切になってきます。

①就業規則・雇用契約などの書類整備を行うこと
②日頃から社員教育を行い、会社の方針を示すこと
③社員間のコミュニケーションの風通しが良くなるように工夫すること
④社員と一緒に成長するという風土をつくること
⑤社員の定着率を引き上げること
⑥ES（エンプロイー・サティスファクション＝従業員満足度）を上げること

（3）問題社員の扱いはどのようにすればよいのか

とは言っても問題社員が発生した場合の対策も練っておかなくてはなりません。

日本の人事制度の考え方に年功序列制度や終身雇用制度が根強く残っており実力主義は

未成熟と言えるでしょう。特に中小企業ではこの傾向が顕著です。

終身雇用制度が主流の日本社会では、会社は能力が著しく低い社員や問題を起こす社員に対して解雇ではなく教育指導や配置転換をして社員の活用が求められています。

そこで実際に問題行動が起きた場合は以下のような対策が望ましいでしょう。

①その具体的な問題となった行動の記録を残すこと
②問題行動に対して指導を行い、その指導内容を記録すること
③反省文を書かせて問題行動の事実を相互確認すること

企業が社員に対して「より多く働け、少しも休むな、会社の命令は絶対だ」というような接し方をしていると問題社員の態度がよくなることは期待できないばかりか、相互不信が強くなり問題行動が増長する可能性が高くなります。

(4) 問題社員に退職して頂くには

「こんな問題社員は辞めてもらいたい。解雇予告手当を支払えば良いでしょう」と考える経営者の方もいらっしゃるかもしれません。

しかし一度採用した社員の解雇は法的にもなかなか出来ない法律の壁があります。**労働契約法第16条**です。

「**解雇は、客観的に合理的な理由を欠き、社会通念上相当であると認められない場合は、その権利を濫用したものとして、無効とする**」

解雇の理由に正当性があるかどうかは解雇予告手当を支払ったこととは関係なく、どうして解雇したのか、解雇以外の方法がなかったのかという点が重要です。できるだけ合意退職で雇用契約を終了することが一番の解決方法です。以前、次のような事案がありました。

ある社長が問題社員に対して業務上の注意を行い、今後、行動を改めるように言うとその問題社員は「それは辞めろということですか?」と攻撃的になってきました。

「いや、態度を改めてこれからは真面目に働いて下さい」と、その社員を信じて一度は話を終えました。しかしその後も問題行動が続いたため解雇の手続きを取りました。

社内面談をするときには、その社員は退職して頂く方が良い社員かどうかを決めておく必要があるということです。

退職すべき社員である場合、退職の意思表示があったら直ちに退職届を提出してもらって、「**自己都合退職**」で手続きを終了することが最善の解決策です。

訴訟などに発展する可能性もあり事実関係を残しておくことが必要です。逆にとらえると、問題社員も自分に有利なように事実関係を保存している可能性があります。面談時の録音などです。

就業規則の項目に「懲戒」という項目がありますが、懲戒は**訓戒・減給・出勤停止・諭旨解雇・懲戒解雇**と段階を踏んで厳しくなります。

懲戒解雇は手の施しようがなく今すぐにでも会社から排除しなければならない場合で、一番重い処分です。

諭旨解雇は懲戒処分のひとつで懲戒処分の次に重い処分です。会社が社員に退職を勧告した上で退職届を提出してもらい解雇するという手続きになります。状況によっては自己都合手続きとなり、その場合は諭旨退職になります。**退職勧奨**は懲戒処分ではなく「肩たたき」といわれる退職手続きです。これと言った懲戒事由がなくても会社としては退職して欲しい場合が退職勧奨になります。退職勧奨に基づいて退職した場合の雇用契約の終了原因は法律上「合意解約」といわれます。

（5）不当解雇になるケース

不当解雇とは、労働基準法や労働契約法等の法律や就業規則を遵守せずに事業主の都合で一方的に解雇することをいいます。具体的な例としては、

①労働者の国籍・信条・社会的身分を理由とした解雇

②業務上の負傷や疾病のための療養期間およびその後30日間、ならびに産前産後休暇の期間およびその後30日間の解雇

③労働基準法やそれに基づく命令違反を申告した労働者に対する、それを理由にした解雇

などです。

その他、勤務成績や勤務態度の不良、職務能力の欠如などを理由として解雇される事例は多いです。しかしその事実があったからといって直ちに解雇が正当となるものではありません。注意や指導、教育などが十分に行われたにもかかわらず改善されない、改善の見込みがないと判断される等の解雇要件が必要になります。平均的な水準に達していないというだけでなく、著しく労働能力が劣りかつ向上の見込みがない場合でなければ「解雇無効」や「不当解雇」になってしまいます。客観的事実の把握は必須条件です。「解雇」は経営者にとって細心の注意が必要と言われる所以《ゆえん》です。

（６）企業がリストラするときは

新型コロナウイルスの影響で、経営状況の悪化によりリストラを検討されている企業も多いのではないでしょうか。**「リストラ」**とはリストラクチャリング（Restructuring：再構築）の略語であり、**会社側が経営上の理由、経済上の事由により人員削減を行うことで、解雇以外に転籍・賃金カット・減給・降格などを含む場合もあります。**

ここでは**整理解雇**の留意点を示しておきます。

整理解雇とは、「企業経営の合理化または整備に伴って生じる余剰人員を整理するために行われる解雇」のことです。

判例では整理解雇の違法性を判断する４つの基準があります。

①業務上の必要性（客観的に人員整理に業務上の必要性があるかどうか）
②整理解雇回避義務（使用者による整理解雇回避の努力がなされたかどうか）
③整理解雇基準の合理性（整理解雇基準に合理性があるかどうか）
④労働者等との協議（労働者と誠意をもって協議したかどうか）

これが**整理解雇の４要件**と言われ、その整理解雇が解雇権濫用にあたるかどうかを判断する要素になります。

（7）まとめ

D・カーネギーが著した『**人を動かす**』の最初に、「**盗人にも五分の理を認める**」と書いてあります。私が数え切れないほど問題社員と面談して体験したことは、彼らが「**自分は悪くない、会社や社会が悪い**」と延々と述べるということです。

解雇されることを人格否定と捉える人もいます。皆さんにとって仕事が人生の全てではないにしても、解雇はその生きることの否定と捉える人もいるのです。

「**採用より解雇の方が難しい**」といいますが、解雇へ至る道は間違いなく「採用」から「人材育成」「企業風土」のあり様と関連しています。

私は問題社員を出さない、解雇者を出さないように会社を成長させるために必要なのは、「**グッドコミュニケーション**」に尽きると考えています。AIがどれだけ進歩しても経営者にとっては「**最大の投資が人への投資**」であることを忘れず、事業構築されることをお薦めいたします。

※就業規則の「診断チェック表」を巻末（185頁）に付録として掲載しています。

6. タイムカードは必要ですか？

(1) 海賊とよばれた男

百田尚樹著の小説『**海賊とよばれた男**』をご存知でしょうか。この作品は言うまでもなく出光興産創業者・出光佐三氏をモデルにしたベストセラー小説で、岡田准一さんの主演で映画化され大ヒットしました。

この小説の中で、アメリカの石油メジャーの祝賀パーティーの席上、主人公・国岡鐵造がスピーチで次のように述べます。

「私がアメリカに来て驚いたことがあります。それはどこの会社にもタイムレコーダーがあることです。これほど人間を信頼していないことはありません」

「国岡商店には出勤簿さえありません」

「私は店員たちを信頼しているから、そんなものはいっさい必要がないと考えています。自分の社員も信頼できずタイムレコーダーで縛りつけるようなシステムが果たして本当の民主主義と言えるでしょうか」

国岡鐵造（出光佐三氏）の人間尊重と家族経営を表現した感動的なシーンです。

経営者はロマンティックであらねばなりません。しかしそれと同時に、算盤《そろばん》をはじく必要性も忘れてはなりません。

（2）労働時間について

①労働時間とは

労働時間とは「**労働者が使用者に労務を提供し使用者の指揮命令に服している時間**」とされています。作業の手待ち時間は労働時間にあたりますが、一方で労務の提供から開放されている休憩時間や通勤時間などは労働時間にあたりません。

皆さんはこのような質問を社員から受けたことはありませんか？

「日曜日（休日）の研修会やイベントは労働時間になりますか？」と。

強制参加であれば労働時間になります。自主参加であれば労働時間になりません。しかし自主参加と言いながら参加しないことで不利益を被るようであれば労働時間になります。

②36協定とは

法定労働時間「原則1日8時間・週40時間」を超えて労働者を働かせる場合には**36協定（時間外労働・休日労働に関する協定）**を締結しなければなりません。そしてこれを労働基準監督署に届け出た後でなければ労働時間を延長したり休日に労働をさせたりすることが出来ません。

労働基準法は刑罰法規であり、36協定を締結していないなど違反行為があった場合には刑事上の罰則に処されることがあります。

③働き方改革で何が変わったの

以前の限度基準告知では時間外労働の限度を定め、臨時的な特別の事情がある場合に例外として特別条項付き36協定を結ぶことによって限度時間を超えて労働させることが認められていました。

そこで長時間労働の是正という観点から、現行の限度基準告知を法律に格上げして、違反に対しては刑事上の罰則の対象とするとともに、臨時的な特別の事情がある場合であっても上回ることのできない上限を設定しています。上限時間とは、

◉特例の場合で、1年720時間（時間外のみ）まで、この場合でも左の要件を満たさな

ければなりません。

単月１００時間未満（時間外労働＋休日労働）

２～６か月平均で80時間以内（時間外労働＋休日労働）

※原則の場合で、１か月45時間、１年３６０時間です。

時間外・休日労働協定（36協定）で協定する項目としては、

①時間外または休日の労働をさせる必要のある具体的な事由

②対象期間における1日、１か月および1年の夫々《それぞれ》の労働させる時間または休日の時間

③休日労働を行う日とその始業・終業時間

④対象期間

などです。

現行の適用除外等への上限規制の適用猶予・特例業務について

①自動車運転業務

②建設事業

③医師
④新技術・新商品等の研究開発業務
⑤鹿児島及び沖縄における砂糖製造業

適用除外の事業所も今後は労働時間管理が必須となります。

（3）労働基準監督署の調査に対応するために

労働基準法第101条第1項により、

「**労働基準監督官は、事業場、寄宿舎その他の付随建設物に臨検し、帳簿及び書類の提出を求め、又は使用者若しくは労働者に対して尋問を行うことができる**」と規定されています。

立ち入り調査は重大な労災事故が発生した場合や労働者からの申告があったときなどに行われます。主に下記の項目について調査を受けます。

①労働条件のうち賃金に関する事項について文書を交付しているか
②36協定が提出されているか
③時間外・休日労働に対する割増賃金が正しく支払われているか
④就業規則が提出されているか、また周知されているか

⑤定期健康診断が実施されているか

⑥労働災害防止のための必要な措置が講じられているか

２年間の賃金台帳、タイムカード、雇用契約書などの提出が求められます。労働時間管理を行って記録を管理して法令通りに割増賃金の支払いをしていて、36協定の範囲内で働いていることが必要です。

36協定の提出や割増賃金の支払いなどに対応している企業は多いのですが、「長時間労働者に対する面接指導等に関する改正」については対応ができていない企業がまだまだあると言えます。この点は必ず指導があると考えて対応の制度設計の策定をお薦めいたします。

【◉ポイント１：労働時間の状況の把握】

企業（厳密には事業者）は労働安全衛生法（安衛法）の規定による面接指導を実施するため、タイムカードによる記録、パーソナルコンピュータ等の電子計算機の使用時間（ログインからログアウトまでの時間）の記録等の客観的な方法その他の適切な方法により、社員の労働時間の状況を把握しなければなりません。

企業はこれらの方法により把握した労働時間の状況の記録を作成し、３年間保存するための必要な措置を講じなければなりません。
（改正により保存期間は5年間に変更予定　令和5年4月1日施行）

［◉ポイント２：労働者への労働時間に関する情報の通知］

企業は時間外・休日労働時間の算定を行ったときは、超過時間が1か月当たり80時間を超えた社員本人に対して、速やかに超過時間に関する情報を通知しなければなりません。
※当該通知については、高度プロフェッショナル制度の適用者を除き管理監督者、事業場外労働の「みなし労働間制」の適用者などを含めた全ての社員に適用されます。
最近では一定時間の36協定の残業時間が超えた時や、超えそうな時にアラート機能のある勤怠システムを導入している企業が多く見受けられます。

［◉ポイント３：長時間労働に対する医師の面接指導］

時間外・休日労働時間が1か月当たり80時間を超える労働者が申し出をした場合には、事業者は医師による面接指導を実施しなければなりません。そして面接指導を実施した医師から意見を聞き、就業場所の変更、作業転換、労働時間の短縮、深夜業の回数削減など適切な措置を講じなければならないことになりました。

（4）外部の労働組合から内容証明が届いた

ある日突然1通の内容証明郵便が届きました。内容は、**「貴社従業員Ａ氏は当ユニオンに加入した組合員である。Ａ氏の時間外労働賃金の支払いについて嫌疑があるので団体交渉を持ちたい」**というものでした。

労働組合法では「労働組合」を「労働者が主体となって自主的に労働条件の維持改善その他経済的地位の向上を図ることを目的として組織する団体又はその連合団体をいう」と定めています。

その構成員を自社単一の社員に限るという定めがないので、加入員が自社の社員であっても「労働組合法で設立された労働組合」として会社と団体交渉を行うことができます。外部組合には合同労組、一人でも加入できる労組、ユニオンと名乗っているケースがあります。

外部組合が労働組合法の要件を満たしている場合、団体交渉を申し入れしてきた場合、会社はその申し入れを拒否することは出来ません。面談にすぐに応じる必要がある訳ではありませんが、要求に対して法的に対応する旨と資料準備に時間がかかることの回答書を出しておく必要があります。

交渉のポイントは左記の通りです。

①できるだけ面談は避けてランディング地点が定まるまで文章で対応すること

②法令上に問題ない点で事前準備を十分に行った上で妥結すること

③不当労働行為や外部労働の批判などは行わないこと

④すべての記録を保管すること

⑤都道府県のあっせん申請なども検討すること

労働時間を管理していないと外部から未払い残業などの請求が来た場合、まったくのノーガードでリングに上がるようなものです。

対策としては、

①労働時間管理を行うことと、そのための手段（勤怠システムなど）の検討を行うこと

②誰が見ても労働基準法などの違反がない状態で賃金の支払いを行うこと

③雇用契約書、就業規則、36協定などの諸規程や労使協定などを整備しておくこと、です。

7．クレーム対応（どうしてタイタニックは沈没したのか）

映画『**タイタニック**』は巨大な豪華客船がたった一つの氷山に衝突したことによって、夢のような世界から地獄絵図へと変わる情景や人間模様を描いた名作です。ではどうしてタイタニックは沈没したのでしょうか。

タイタニックの運命は出航前から決まっていたとも言えます。タイタニックは氷山を探知すべき無線レーダーの回線をお金持ちの乗客の株式投資のために優先して使っていました。そのため氷山の探知が遅れ衝突を免れなかったのです。またタイタニックは不沈であるとの「盲信」から救命ボートを必要数搭載せず、利益優先で乗客数にこだわったことも犠牲者数を大きくした原因でした。つまり情報管理ができていなかったのです。

皆様もクレームを受けたことがあると思います。また逆に、クレームを言ったことが一度はおありになるでしょう。

このコーナーでは「**どうしてクレームが起きるのか**」を考えてみましょう。

労災事故の法則に「**ハインリッヒの法則**」という経験則があります。１つの重大な事故の背後には29の軽微な事故があり、更にその深部には３００の異常（**ヒヤリハット**）が存在するというものです。ハインリッヒのトライアングル定理と呼ばれることもあります。

「クレーム通報」をこのハインリッヒの法則に当てはめて考えてみましょう。重大なクレーム１件の背後には29件の沈黙の不満があり、もう一段階深い所には３００件の一瞬の（**カチンときた**）不満があるという訳です。

クレームが来た時にはラブコールがきたと思ってすぐに対応することと、背後にある不満が出ないように原因を考え対策を講じることが必要です。

労災事故が起きた時にヒヤリハット活動や危険予知活動（**ＫＹ活動**）を安全対策として行えるよう、次の対応をお薦めいたします。

（１）クレームがきたらすぐに顧客の所に駆けつけること

（２）クレームの原因が個人の能力によるものか社内のシステムによるものか原因解明を行うこと

◈「ハインリッヒの法則」と「クレームの法則」

ハインリッヒの法則

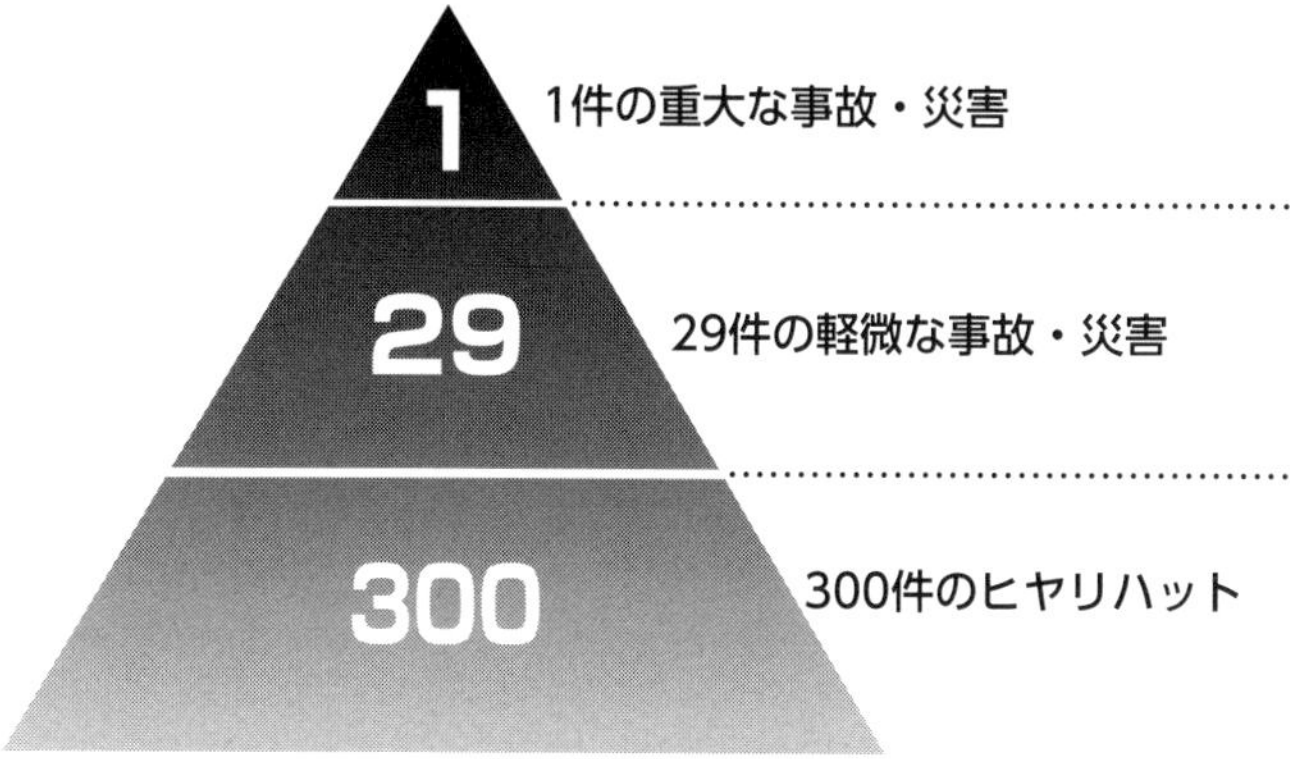

[ハインリッヒの法則]
1件の重大事故の背後に、29件の軽微な事故が隠れていて、
更にその背後には300の異常がある、というもの。

クレームの法則

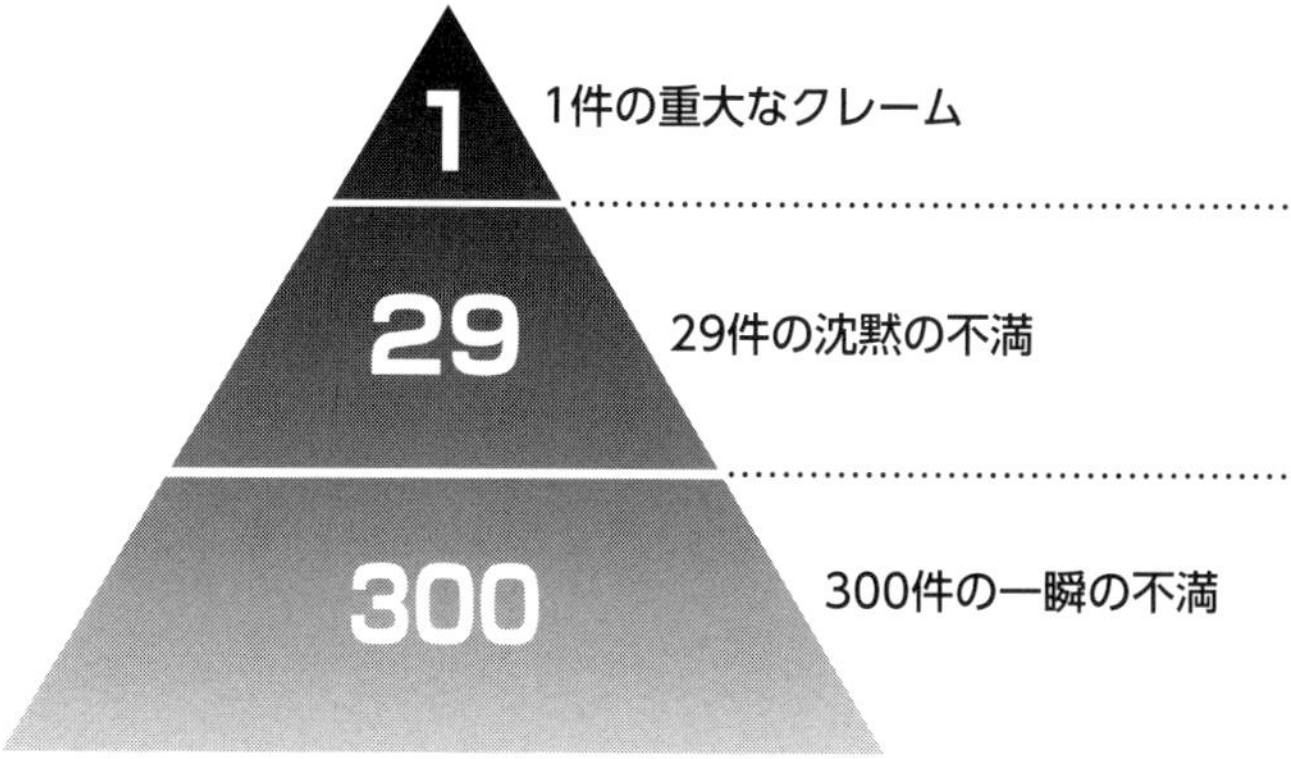

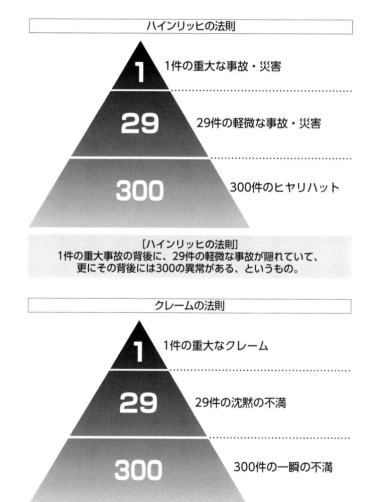

個人の能力による場合はトレーニングや面接を行うこと。社内のシステムによる場合はシステム再構築を行うこと。また顧客アンケートやメールや電子掲示板による顧客からの情報収集をすることも業種によっては有効な手段かと考えます。

クレーム対応で成功した会社をご紹介します。名古屋に本拠を構える「**カレーハウスCoCo壱番屋**」です。「顧客アンケート」を実施したことによる成功例です。カレーショップでは全国で約１２００店舗とダントツのトップを独走しています。創業者夫婦が脱サラして喫茶店を始め、そこで出していた市販のルーを使ったカレーがヒットしました。経営に関してもコックとしても「普通の素人」だったからこそ思いついたサービスが「**顧客アンケート**」だったのです。

「**CoCo壱**」では切手不要の郵送はがきアンケートが各店舗に置かれていて、本部に直接届くシステムになっています。ひとつでも多く「本音」を聞くためにアンケートに答えてくれた人に抽選で食事券をプレゼントしています。

このアンケートの意見からできたサービスが子供用のエプロンや紙ナプキンの設置、無着色の福神漬けだということです。

皆様は損したことと得したことと、どちらをよく記憶していますか？　多くの人に聞きますと、損した記憶が深く心に残っているのです。顧客に得をするようなことを日々積み重ねてもクレームひとつで顧客との関係は崩れてしまいます。絶対あきらめずに顧客満足企業を目指し、勝ち組企業となることが、中小企業の生き残る道です。タイタニック号のように慢心せず情報収集と的確な情報判断をすることが必要です。

●悪い顧客対応：クレームに対して、顧客のせいにする
●普通の顧客対応：クレームに対して、すぐ対応する
●良い顧客対応：クレームの原因をつきとめ、問題解決を図る

8．人間関係認識ツール「エニアグラム」とは

あなたには「何度言っても話が通じない」「どうも苦手だ」という社員や知人がいらっしゃいませんか？　仕事を進める上で人間関係がうまく行っているかどうかは極めて重要な問題です。顧客相手の営業や販売部門はもちろんですが、職場内でも人と良い関係を保つことはとても大事なことです。しかし人間関係がうまく行かないで悩んでいる人がいるのも事実です。

「なぜ部下は自分の思い通りにならないのか」「なぜ上司は自分の気持ちを踏みにじるのか」「なぜ自分の誠実さが相手に届かないのか」といった、「こんなはずではなかった」という出来事が毎日のように起こります。例えば会議のときはどうでしょうか。重役の前で、「この件に関しては重大な問題点があります」と堂々と反論意見を述べる人がいたり、「皆様の意見通りで良いです」と意見を述べない人がいたり、「では結論はこのようになりますね」と、やたら話をまとめようとする人がいたりします。これらの発言は、実はそれぞれが持っている価値観が反映されてのことなのです。

「**彼を知り己を知れば百戦殆《あやう》からず**」は孫子の言葉です。この問題を解決してくれるツールが「**エニアグラム**」です。私たちの周りには色々な持ち味の人がいます。そのことは誰もが何となく感じて過ごしてきています。それを科学的にわかりやすい形で立証してくれるのがエニアグラムなのです。

皆さんよくご存知の名曲「**荒城の月**」という歌があります。

桜（花の宴）と松（千代の松が枝）が出てきます。自分の部下に対して何で君は自分と同じように桜のように出来ないのかと言っても、松に生まれたのに桜になどなり得ません。桜がどういうものか、松がどういうものかを知って共存することが必要です。桜だけ咲いているよりも松があることで城の風景が完成して、情感あふれる名曲となったのです。エニアグラムはこのようにお互いを引き立て合うことを教えてくれます。

私自身はスピードと結果を重んじプロセスを軽く見る欠点があります。しかし周囲にプロセスをきちんと説明できる人やプロセスを順序立てて構築してくれる人がいると大変助かります。そこで、次に各タイプの特徴と成長への指針、他の人からどのように見られているか等を一覧表にしましたので、皆さん自身と社員の指導の参考にしてみて下さい。

あなたや社員の皆さんは、どのタイプでしょうか？

◈［エニアグラム］9つのタイプ別の指導のポイント

タイプ1：［完全主義者］完全でありたい人	
ものの見方	無意識のうちに心の中にある「あるべき理想の姿」に照らし合わせる。
気になること	どこか間違いはないか。
上司になると	正しい見本を示して指導する。倫理的で理想主義的な傾向があり、他人にもその指針を実行するよう求める。自らの行動も道徳的で間違いないものにする。
成長するには	正しい道は一つではないことを知ること。寛大になり、間違いは、成長過程の一つだと認めることが大切。
指導するときのポイント	学習のペースは決して速くなくても、コツコツと努力して一歩ずつ着実に習得していくタイプ。そのため、最後には学んだことを経験として、しっかり身に着けていく事が出来る。要領のよさやパフォーマンスにおいて目立つ存在ではないが、訓練内容を着実に自分のものにしていくことで成果をあげていける。待ち前の完璧主義と周囲の人を意識するのとで、訓練中はかなり緊張している。そのため、息抜きの体験をさせる工夫があると良い。

タイプ2：［献身家］人の助けになりたい人	
ものの見方	人の歓心を買ってでも親しくなりたい。 他人が必要としているものは何かをよく考える。
気になること	すべて人間関係を中心に仕事をする。顧客の要望に応えて良い協力関係を築き、部下を育てることが大切だと考える。
上司になると	「これだけやっているのだから、自分は感謝されて当然だ」という思いがある。
成長するには	他人から必要とされていることに依存せず、自分自身に誇りを持てるようにする。無償の奉仕と見返りを求める援助を区別すること。
指導するときのポイント	活動的なタイプなので、延々と教室の中で講義を聞いたり、理論を学んだりするのは退屈に感じる。実際に体を動かしながら習得するOJTなどの方が効果的。メンバー全員を友人にしてしまう能力がある。一緒に飲みに行ったり、相談に乗ったり、一人ひとりに何かと個人的な関わりをもとうとするので、いつしかOJTや職場を温かい雰囲気にする役割を果たしてくれる。

タイプ３：	［達成者］成功を追い求める人
ものの見方	成功体験から考える。以前成功した方法で使えそうなものを、現在取り組んでいるケースに当てはめる。
気になること	仕事の成果、効率的なやり方、人の評価。
上司になると	典型的な会社人間、猛烈に働き、成功に向かって前進あるのみ、仕事の重要度を重視する。スタッフはついていくのに苦労する。
成長するには	仕事ができるというイメージアップを図るよりも、仕事のプロセスを大事にする。自分の感情を自覚できるようにする事。
指導するときのポイント	抽象論や基礎訓練よりも、実際的で成果がはっきりした訓練を好む。要領がよいが、精密さに欠ける面がある。間違いを指摘されるとプライドが傷つきやすいため、ミスなどは、良い結果につながる所を強調するようにする。成功体験が自信を与えるので、良い面を誉められることで益々能力を発揮していく。パフォーマンスで皆の注目を集めたり、何かとリーダーシップをとりたがる傾向がある。全員が平等な立場で協力し合う作業や、他のメンバーと同じような作業をするよう配慮することも、認識させるようにするのが良い。

タイプ４：	［個人主義者］特別な存在であろうとする人
ものの見方	無意識のうちに自分にないものや失ったものを美化して求めている。今ある手持ちのものには魅力を感じない。
気になること	欠けている何かに惹かれる。
上司になると	鋭い眼識と独特な感性がある。人まねやありきたりのものは嫌で、世界にまたとないユニークなものを目指す。繊細で、部下の気持ちもよくわかる。
成長するには	平凡なものの良さに気づき、価値を見出すことが必要。
指導するときのポイント	指導者が尊敬に値する人物であれば、心と心の交流を求めて積極的に近づき、好意と信頼を勝ち取るように努力する。自分は特別な存在であり皆と同列ではなく、特別に目をかけられたり、声を掛けられたりすることで、意欲が湧いてくるタイプ。

タイプ5：［観察者］知識を得て観察する人	
ものの見方	物事の本質は何かを客観的に追求する。
気になること	時間やエネルギーを無駄に使いたくない。
上司になると	一定の距離をおいて管理する。自分にない積極性や対人能力を持った人と組んで仕事ができる。包括的な分析力や洞察力を示すことで人を掌握する。
成長するには	なんでも積極的に参加すること。心や体を使って理解することを覚えることが重要。
指導するときのポイント	指導に質の高さを求め、あくまで内容を重視する。指導者はその道のスペシャリストか、少なくとも正確かつ経験豊富な専門知識を持った人でないと、たちまち興味を失う。講師に頼らず、自分でその分野の本を読んだりして知識欲を満たそうとする。講師への評価は、人間性より専門知識のあるなしで判断する傾向がある。理解力が優れているので、必要な情報を与えると自分自身で学習していく。人間関係にはあまり関心がなく、付き合いは、リーダーシップをとる人に誘われる程度である。

タイプ6：［堅実家］安全を求め慎重に行動する人	
ものの見方	「これは本当だろうか」「裏に何かあるのでは」と心の中で疑い続けている。
気になること	誰か自分を悪く言っていないだろうか。
上司になると	調整力があるので、トラブル処理が上手にできる。部下に報告・連絡・相談をするように求め、きちんと把握して安心したい、慎重になりすぎる面がある。
成長するには	自分を信頼し自信をもつ、人を恐れず疑わないようにする。物事を肯定的に見る力を伸ばすこと。
指導するときのポイント	信頼できる権威者を求め、拠り所にしたいという気持ちが強いので、指導者への期待度が高い。尊敬と信頼に値するかどうかを慎重に見分けて、信頼できる人なら、わざわざ指示を仰ぎに行ったり、その人の便宜を図ったりして近づき忠誠を尽くそうとする。謙虚で決して目立とうとはしないが、仲間を上手にまとめていく力があるので、世話役を引き受けている場合が多い。上司と社員の潤滑油の役割を果たし、貴重な存在として力を発揮する。

タイプ７：［楽天家］楽しさを求め計画する人	
ものの見方	楽しいことや面白いことはないだろうか。
気になること	楽しいことをたくさん計画するにはどのようにすれば良いのか。
上司になると	計画を立てて、その後は人に任せる。アイデアは優れているが、実行し継続していく力が伴わない。広い範囲をカバーでき、ネットワーキングの構築で力を発揮する。
成長するには	一つの事をやり遂げるようにする。物事に集中し、極端に走らない。責任感を養うようにする。
指導するときのポイント	複数の情報を関連づけて結び合わせる情報処理に長けているので、興味をもたせることで習熟度が高まる。集中力とスピードはあるが、忍耐力と一貫性に欠けるきらいがあるので、到達レベルはチェックする方が良い。厳しい訓練も楽しいものにしていく力がある。冗談を言ったり、何か楽しいことを思いついたりして、皆をリラックスさせて明るい雰囲気にしてくれる貴重な存在。

タイプ８：［統率者］強さを求め自己を主張する人	
ものの見方	何か挑戦するターゲットはないか。
気になること	支配権を持っているのは誰か。
上司になると	「私のやり方が嫌なら辞めてもらう」と白黒をはっきりさせる。力をもっているが、他人に対する自分の影響力が少ないと考えがちである。ある程度仕事を部下に任せることが必要。 部下は保護されていると同時に、支配下にあって完全に管理する。
成長するには	自分の弱さを隠さないように留意する。権力を適切に使うようにするとよい。
指導するときのポイント	細部までマニュアル通りにすることには意味を認めない。積極的に取り組む分野であればあるほど、自分の思い通りにしようとする。そのための指導力や応用力を持っているので、ある程度の裁量を与えた方が効果が上がる。他の人たちと徒党を組んでボスになろうとする傾向がある。無視をしたり批判的な態度を示すと反抗的になる。逆に味方にすればサポートしてくれる。

タイプ9：［調停者］調和と平和を願う人	
ものの見方	物事の両面が見えるが、どっちでも同じことだ。
気になること	波風を立てないためにはどうしたらいいか。
上司になると	意見調整を図りながら、時間をかけて全体の合意を得ようとする。基本的に現状維持を守り、自分からは積極的に意見を言わず行動も起こさない。
成長するには	自分のアイデンティティを見出し、自分自身で決断できるようにすることが肝要。自分の意見をはっきり言い、責任を持って行動することを心がける。
指導するときのポイント	わからないことや不満があっても、自分が目立ちたくないのと周囲に迷惑になるのを恐れて、意見表明しないことが多い。自分の意見をはっきり発言できるように機会を与えてあげることが必要。落ち着いて穏やかな雰囲気を醸し出しているので、場がいつしか和んでくる。しかし彼ら・彼女らの内面はとても感じやすく、周囲の人たちのちょっとしたいざこざも気にして、それすらも自分の落ち度であるかのように感じる優しさがある。

タイプ1－9の特徴一覧　※タイプの見分け方は巻末付録のチェックシート参照	
タイプ1：［完全主義者］	**完全でありたい人** 完全に向かって努力する人。不完全さを避ける
タイプ2：［献　身　家］	**人の助けになりたい人** 献身的に人を助けたい人。必要とされない事を避ける
タイプ3：［達　成　者］	**成功を追い求める人** 目標を達成し成功したい人。失敗を避ける
タイプ4：［個人主義者］	**特別な存在であろうとする人** ユニークで深い感情を味わいたい人。平凡さを避ける
タイプ5：［観　察　者］	**知識を得て観察する人** 観察し知識を求める人。空虚さを避ける
タイプ6：［堅　実　家］	**安全を求め慎重に行動する人** 安全を求め規範を重んじる人。逸脱を避ける
タイプ7：［楽　天　家］	**楽しさを求め計画する人** 楽しさを求めプランする人。苦痛を避ける
タイプ8：［統　率　者］	**強さを求め自己を主張する人** パワフルに自己主張･行動する人。強さを誇示し弱さを避ける
タイプ9：［調　停　者］	**調和と平和を願う人** ゆったりとして平和を求める人。葛藤を避ける

「**人は城、人は石垣**」というのは、人材こそが強固な守りになるという武田信玄の言葉です。様々な人材を組み合わせることで、強固な**穴太積み**《あのう》のような鉄壁の城が完成するのです。

穴太積みとは大小の自然石を堅固に積み上げた石垣のことで、大きな石の周りで小さな石ががっちりかみ合い地震や風水災害にも強い石積みの工法といわれています。そして戦国時代の昔から築城になくてはならない穴太積みの技を伝える「穴太衆《あのうしゅう》」という一団が今日にも続いています。穴太積みのように、多様な人材のコミュニケーションがあって、がっちり組み合った最強の組織作りを目指しましょう。

※エニアグラムのタイプ判別に役立つチェックシートを巻末（186頁）に付録として掲載しています。

9．人材育成と定着のために人事評価制度は必要か（「スターノート」について）

（1）スターノート

弊所では、新入社員に「**スターノート**」（新入社員用のＯＪＴ日報ノートの事）という日報を渡して日々記入してもらい、上司もしくは私がコメントを返すようにしています。

スターノートは、新入社員用のコーチングマニュアルのことです。中身は新入社員が知っておくべき専門知識や顧客対応のマニュアルが基本となっています。作成時に重点をおいて作成をした点が「日報」記入欄です。

「日報」を毎日記入して、上司や先輩がチェックしてコメントを記入して新入社員に返すようにしています。新入社員は毎日、「その日行った業務」「気づいた点」を書いて上司や先輩に見てもらい、上司はコメントを返します。

入社したときは失敗の連続です。仕事の一つひとつが手探りです。ソフトランディングできるように見守り育てていくことが最初は必要です。当たり前のことができなくて当然です。

「今日は〇〇〇〇が出来ませんでした」

と新入社員がシートに書いて来たとします。

「このように工夫した方が良いよ」「ここは出来ているね」などとコメントを返して、少しずつ成功体験を積み重ねて行くことで一人前の社員になっていくのです。日々のＯＪＴの中での気づきと、仕事ができた体験を積み重ねてブラッシュアップしていく制度です。日々の些細なことの継続が、やがて大きな力になるのです。上司は温かい見守りの姿勢と長い目で見つめるビジョンが求められます。

（２）ジョブ・カード

人材開発支援助成金制度の「**ジョブ・カード**」というシートがあります。この助成金を受給するためには、ＯＦＦ－ＪＴを一定時間受講すること、訓練カリキュラムを計画通り実施することなどが必要です。助成金制度としては申請受給するにはハードルが高く中小企業には受給困難ですが、人材育成の仕組みとしてはよく出来ていると思いますのでご紹介いたします。

「ジョブ・カード」は労働者のキャリア・プラン等の情報を蓄積し労働者自身が生涯のキャリア形成の場面で活用するツールであるとともに、職務経験や職場での仕事ぶりの評価等に関する情報を見える化した職業能力証明として活用するツールです。

従業員の職場での仕事ぶりについてジョブ・カード（職業能力証明：訓練成果・実務成果）シートによって評価を行うなど、労働者のキャリア形成の促進、職業能力の見える化の促進に役立ちます。また労働者の採用の場面でジョブ・カードを履歴書とともに追加書類として求めることにより、履歴書だけでは見えなかった求職者の能力を把握することも期待できます。

ではここで、「**ジョハリの４つの窓**」をご紹介いたしましょう。自己啓発や会社の研修に

◈ジョハリの４つの窓の図

④の「わからない領域」が小さく、狭くなると、
人を惹きつける魅力的な話し方が出来るようになります。

	自分にはわかっている	自分にはわかっていない
他人にはわかっている	① 開放された領域 **[開放された窓]**	② 気づいていない領域 **[盲点の窓]**
他人にはわかっていない	③ 隠している領域 **[秘密の窓]**	④ わからない領域 **[未開の窓]**

よく活用されているものです。ジョハリの窓とは心理学の考え方で人間の心の中が４つの窓に分けられるという考え方です。

心理学者ジョセフ・ラフトとハリー・インガムが考案したため、名前を合体してこのように呼ばれています。自分自身の持っている能力に気づき、その能力を妨げている要因を取り除いて無限の可能性を広げていくことが大切です。

「秘密の窓の領域」を小さくし、自分を広く開放することによって自己啓発に役立てます。そのために相手との関係の中で起こっている「私はこう思う」

という気持ちを自分の中でオープンにするため摩擦が生じることもあります。
もう一つは盲点の窓の領域を小さくすることです。それは自分では気づいていない部分を指摘してくれる上司などの「もう一人の自分」が必要です。その指摘があったときに「そんなことはない」と拒絶するのではなく、「指摘を受け入れる素直な心」が必要になります。これは社員の責任感の醸成と向上心アップにつながり一人前の社員を養成する上で大きな助けになるのです。

(3) 個人面談について

私は個人面談に際しては「**自己申告シート**」を活用することをお薦めしています。評価のフィードバックはもちろん実施して頂きたいのですが、「育成」と「やる気」に着眼して取り組むことをお薦めします。

自己申告シートの流れ（ヒアリングの流れ）

①現在の仕事に関してどう感じているか（仕事の質が難しい・量が多いなど）
②その他仕事上の意見（この機械の調子が悪いなど）

③今期、自己啓発したいこと（資格取得、職務拡大）
④来期の目標をどのようにして達成するのか（営業であれば売上金額、できるだけ経営課題の提言、不良率の削減など）
⑤会社として、部門として、現場としての提案事項など

［ポイント］
①部下を企業からの預かりものと考え最大限の努力をする。縁あって入社して部下になった「縁」に思いを致し、天からの授かりものと考える
②できていないことを注意することより、その人に「何ができるか」を考える
③何をしてもらいたいかに着目して伸ばすことに注目する
④等しく光をあてることに力をいれる

最近では社員の孤立化が叫ばれている状況下で、親密な個人面談を頻度を上げて行うことが求められているのです。

ではここで、コミュニケーションの重要性についてご紹介いたしましょう。

アメリカ合衆国の電話会社の社長であり経営学者でもあるC・I・バーナードは、組織が成立するための協働体系論を提唱しました。バーナードは「**組織は一定の目的を達成するために複数の人々がそれぞれの役割を定め協働する集団**」としています。そのためには、**①共通目的があって　②コミュニケーションも良好であって　③貢献意欲のあるところに「組織が成立する」**としています。

①の**共通目的がある**とは理念や経営目的を発表することによって、社員との協働意欲を高める必要があることを意味します。

②の**コミュニケーションも良好**とはモラルサーベイや社員提案制度や社内報などが考えられますが、双方向のコミュニケーションがあるということです。これをスムーズにするため、多くの企業は大変な苦労をしています。様々な社内行事もこのために存在するといっても過言ではないでしょう。

③の**貢献意欲**は賃金などのインセンティブも必要ですが、それ以外の右記の根拠から醸成されることが多いものです。大手コンサルティング会社の作成した人事評価制度は中小企業には必要ありません。コミュニケーションを良好にすることに最重点を置くべきです。

人事評価制度が中小企業にとって不要と考える点は左記の通りです。

①評価制度作成に費用や時間がかかります
②中央化傾向やハロー傾向など考課者訓練に時間がかかります
③賞与や昇給の基準がないため人事評価がいるとの意見に対しては、中小企業では全ての社員情報が社長の頭に入っているので制度構築は不要です
④人事評価することでモチベーションアップが図れるとの意見に対しては人事評価制度がなくてもモチベーションアップは図れるし、むしろ継続運用しない人事評価はその場しのぎで不要です
⑤人事評価がないと公平に評価されていないと不満がでるとの意見もありますが、社員も経営者も１００％満足出来る制度は絶対にありません。時間をかけて人事評価制度を作ってそれに不満を持つ社員が出てきたら逆効果です

最後に**労働基準法などの関係法規を遵守することは人材定着の上で大変重要**なことだということを付言しておきましょう。雇用の中で関係法規に違反するサービス残業がある、未払い賃金があるという状態は会社が社員に対して「借り」を作っている事を意味します。

「貸方」の社員には損しているという気持ちを残してしまいます。お金の貸し借りでも借りた人に比べて貸した人は絶対に忘れないものです。

10. 幸せな職場とは、社員定着で共に成長する

(1) どうして若者は、三年で会社を辞めるのか

若手社員の30%強が入社三年以内に退社すると言われています。これは教育や福利厚生に手厚い大企業の話ですから中小企業の場合は更に深刻な数字になると考えられます。「若者はゆとり教育のため堪え性がなくなった」「新入社員としての雑巾がけをしなくなった」等、会社側からの批判的な意見もあります。しかし「失われた三十年」と言われるように、経済低迷時期に育ち終身雇用が崩壊した企業を見てきた若者たちと、バブル期に入社した中堅社員の価値観が違うのは当然と言えば当然のことでしょう。個人の成長を求めるなど多様な価値観に対応してこのミスマッチを埋める努力をすることで、社員の定着率を高める企業努力をしていく必要があります。

（2）どんな職場が幸せなのか

まずは「**幸せ**」について考えてみましょう。**あなたはどんなときに幸せ**だと感じますか。

２０１８年度の内閣府の「**国民生活に関する世論調査**」によると、日本人の7割以上の人が日頃の生活に充実感を得ており、中でも家族団らんの時や休養しているとき、趣味やスポーツに熱中しているとき、友人や知人と過ごしているときに充実を感じると回答しています。

アメリカの経済学者R・フランク氏は他者との比較によって価値が生まれ、満足を得られる財を「**地位財**」、他者との比較ではなく、それ自体に価値があり、喜びにつながる財を「**非地位財**」と分類しました。地位財は主に、**仕事や所得などの社会的地位や家や車といった物的財**を指します。これに対して**非地位財**には**愛情や自由、健康**などが挙げられます。そして地位財による幸せは長続きしないのに対し、非地位財による幸せは長続きするとしています。極めて重要な指摘だと言えるでしょう[1]。

慶應義塾大学大学院で「幸福学」を研究されている前野隆司教授は、どういった状態が幸せと言えるのかという幸せの心的特性の全体像を明らかにするために29項目87個の質問を作成し、日本人1、５００人に対してインターネットでのアンケート調査を行われました。

そのアンケート結果を因子分析したところ、**人が幸せになるために必要な「4つの因子」**が導き出されました。その4因子とは左記の通りです。

◉「やってみよう」因子（自己実現と成長の因子）…天命、天職、強み、成長、自己肯定
◉「ありがとう」因子（つながりと感謝の因子）…感謝、利他、許容、承認、信頼、尊敬、愛
◉「なんとかなる」因子（前向きと楽観の因子）…楽観性、自己受容
◉「ありのまま」因子（独立と自分らしさの因子）…比較しない、信念がぶれない

そもそも仕事というものは労働であって「対価＝賃金」を得るために自分の人生や時間を差し出すものである、という従来からの構図に私たちは囚われ過ぎてはいないでしょうか。そのような労働契約的な考え方は個人の幸福を考慮していません。メンタルの状態を考慮せずに仕事を続けているとブラック企業体質は当たり前になり、いずれ心身の病になってしまうリスクがあります。私たちは何のために働くのでしょうか。

顧客のため、会社の上司、同僚、部下のため、家族のため、取引先などの関係者のため、地域のため、国家のため、そして自分自身のために働くのです。

（3）人を動かす価値観とは何か

「どうして、あの社員は宗教活動や劇団活動には熱心なのに業務命令にはなかなか動いてくれないのだろうか?」と考えたことがある経営者の方も多いと考えます。

これはその社員が会社の方針や行動に「**価値**」を見出していないからです。動かない理由は社員の「**価値観**」に合わないからなのです。

同じ会社内でも部署や事業によって価値観が異なることがあります。例えば生産部門で大切なものは品質やコスト管理となり、営業部門では売上や顧客獲得が重要な価値観と言うことになるでしょう。

こうした価値観の相違は大企業に限らず数人の零細企業でも起こることなのです。部署ごとの価値観の違いから対立が生じてやがてそれは放置していると「**セクショナリズム**」となり、ついには全ての社員の目線がバラバラの会社になってしまいます。

ここではケース・スタディとして二つの異なる価値観について具体例を挙げて考えてみましょう。

例えば会社から新しい方針として「**サービスの均一化**」が打ち出されたとします。しかしそれまでの方針が「**顧客満足度を最優先としている**」だった場合、従来の方針に従って行動していた社員は顧客から「ありがとう、助かりました」という言葉を頂きます。顧客満足度を第一に考え行動したのですから当然このような成果を生むのは自然な成り行きです。これは**非金銭的報酬**といい、金銭的報酬より効果的でより仕事に前向きになることが出来る方針なのです。

ところが、新しい目標の「**サービスの均一化**」は「顧客満足度」と逆行することになるのではと社員が考え始め、行動しないで立ち止まるのです。結局、「顧客満足度」に価値を置いている社員は「顧客満足度」をほぼ達成して「サービスの均一化」は達成されずに社員も経営者も、ややもやのうちに業務は進んでいくと言う始末です。

経営者からの論理的な「**これが新しいミッションだ**」という伝え方では社員に受け入れられない可能性があり、組織や社員の価値観を理解する必要があります。

私は社内の価値観を整理整頓し社員に迷いを生じさせないために有効な「**ＯＪＴ**」を推奨しています。ＯＪＴとは「オンザ・ジョブ・トレーニング（On the Job Training）」の略で、職場の上司や先輩が部下や後輩に対して実際の仕事を通じて指導し、知識、技術などを身に付けさせる教育方法のことです。ＯＪＴは新入社員教育で用いられることが多く、１人の新入社員に１人の先輩社員が付くのが一般的です。

◉行動を指導する（ＯＪＴ）のポイント

人を動かすにはその人を良く見て適正な指導を行うことです。

ポイントは次の６つです。

①方針については時間をかけて丁寧に説明して浸透させること
②なぜその仕事が必要で、どのようにして行うかを詳しく説明すること
③部下の進歩や成長を褒め失敗を許すこと
④コミュニケーションのストロークは短く多めにすること（１日１分でも）
⑤「これをしろ」ではなく「意味・目的・利用」で仕事を説明すること
⑥部下と一緒に成長し自分を超える存在に育て上げること

人を動かす方法を根幹的に分かり易く表現したのが山本五十六氏の次の言葉です。ＯＪＴのポイントと見事に一致しています。軍隊でも会社でも人の心を動かすのは全く同じことなのです。

「やって見せ　言って聞かせて　させてみて　ほめてやらねば　人は動かじ
話し合い　耳を傾け　承認し　任せてやらねば　人は育たず
やっている　姿を感謝で見守って　信頼せねば　人は実らず」

第3章

リスクと法改正

1. リスク管理（退職した社員から内容証明が届いた）

消費者金融会社「**レイク**」は２００３年米ゼネラル・エレクトリック（ＧＥ）グループの傘下になり、２００８年には新生銀行の子会社になりました。２００９年、消費者金融会社「**アイフル**」は事業再生ＡＤＲを申し立てた後、まだ再生の途上にあります。これらは貸金業法が改正されたことにより上限金利が引き下げられ、全国で大量の「**過払い金返還**」を余儀なくされた消費者金融事業者がどうにもこうにもいかなくなった結果です。皆様もよくご存知のことでしょう。

このムーブメントを作ったのは誰でしょうか。マスコミの影響もありますが実の所、仕掛け人は東京大手の弁護士や司法書士の人たちだったのです。

大手の銀行系消費者ローンなどは現在でも「**過払い金返還請求**」への対応を行っていますが、当時は「少しでも借り入れがあればご相談下さい」「払いすぎた利息は返してもらえます」をキャッチフレーズにしたテレビコマーシャルが繰り返し流れていたことを皆様も覚えておられるでしょう。そして過払い金返還請求が進んだ結果、大手・中小の消費者金融は倒産もしくは倒産の危機に追い込まれたのです。

しかし時代は変わって**「過払い金請求」**は殆ど請求し尽くされました。こうした弁護士たちの次のターゲットは**「未払い残業代請求」**とされています。もうすでに電車広告やインターネット広告を見た人もいると思います。

労働基準監督署は働き方改革の中、労働時間管理を以前よりも義務づけを強化し、長時間労働や過労死につながる勤務を取り締まるべく監督調査を行なっています。こうした風潮の中、使用者が適正に労働時間管理を行なっていないと、社員が適当に打ったタイムカードの時刻や自己申告の時刻が労働時間としてみなされるケースもあります。虚偽の打刻が水増し労働時間として計算される根拠になってしまうのです。そして現在では最長2年間に遡って残業代支払いの是正勧告を受けるケースも発生しています。

こうした実態を踏まえ、弁護士たちが**「未払い残業代請求」**にターゲットを定めて新たなビジネスを始めたという訳です。コロナ禍の不況下、退職した何人もの社員からいきなり何百万円もの「未払い残業代請求」が来たら、即刻立ち行かなくなる危険性があるといっても過言ではありません。しっかり対策を講じましょう。

話が戻って申し訳ないのですが、「**過払い金請求**」は構造的に「**未払い残業代請求**」と類似点が多いのです。「過払い金請求」のきっかけとなったのは2006年1月に最高裁判所が借金をした人に有利な判決を下したことにあります。それは債務者が利息として任意に支払った場合でも払い過ぎた分について消費者金融事業者から返してもらえるという最高裁判決でした。

消費者金融の金利は「利息制限法」と「出資法」というダブルスタンダードの法律で運用されていました。利息制限法では100万円以上の貸付15%、10万円～100万円未満の貸付で18%、10万円未満の貸付で20%未満となっている一方、出資法では29・2%と別の利率が定められていました。この金利の差が「**グレーゾーン金利**」と呼ばれ「過払い金請求」の対象となったのです。

最高裁判決を受け大手消費者金融は利息制限法の上限に一本化しましたが、過去の20%以上の利息を取っていた融資は利息制限法違反となり支払った利息分が戻ってくることになったのです。当事者である多重債務者はこのようなグレーゾーン金利などのことを熟知している人は少ないと考えます。「雪だるま式に増えた借金から逃れたい」「相談無料で借金がなくなってお金も戻ってくるかも」との思いから広告事業主に電話したのです。一方、消費者金融事業者はグレーゾーン金利のことはもちろん知っていました。ですから貸付時に金利の説明は丁寧にしているはずですし、返済額も説明して合意の上の貸付となっていたはずです。

会社が労働者を雇い入れする時、雇用契約を締結します。この時は労働時間や給与など労働条件などを説明して両者合意の上で勤務が始まります。しかし数年後に退職する時に当時の記憶はすでにありません。先の例の「目の前の甘い広告にとびつく多重債務者」のように弁護士の甘い罠にかからないことを祈るばかりです。

「貸金業法」では貸金業者にその帳簿を備える義務を課し、利害関係者が帳簿の閲覧を求めた場合は拒むことができない決まりとなっています。一方「労働基準法」では労働基準監督署に対しタイムカードや賃金台帳などの提出義務がありますが開示義務はありません。従って労働者自らが提示しなければなりません。逆にいうと労働者が手帳に労働時間をつけていて会社に記録がない場合、手帳の記録が労働時間となって請求されてしまうという弊害も起こり得るのです。リスク管理の一環としても「労働時間管理」は必須なのです。

従来の貸金業法においては利息の適用について業者の裁量に任せる部分が多かったのです。しかし裁判例の積み重ねで借金をした人の立場に立った法の運用がなされるようになり、大手消費者金融の経営破綻を惹き起こしました。

労働基準法も同様に考えなければなりません。同法は１９４７（昭和22）年に施行され70年以上が経過しています。当時、同法は最低限度の生活を保障するためにありました。しかし労働関連法令が成立するに連れて労働者有利の裁判例が積み重なり労働者の権利が強くなってきたことは明白です。労務管理においては時代が変わったことを認識するときです。

これと同じように考えなければならないのが建設業界における「独占禁止法の適用」です。１９９７年に独占禁止法の適用除外項目が撤廃されました。２００１年には談合等を摘発するのは公正取引委員会だったのですが不正な取引があった場合は裁判所に訴追されることになりました。２００３年には談合の指示をしたり予定価格を事前に漏らした行政にも厳しい処罰を科すことが出来るようになったのです。

このような法律解釈の変更はすべての業界で起きています。コロナ後は元の経済に戻るのではなく時代変化の経済が待ち受けています。皆様の意識改革の時は「今」です。

2．退職したいと第三者が言ってきた

「**退職代行**」という業務があるのをご存知でしょうか。退職を言い出せない社員が弁護士や退職コンサルタントに依頼して、会社への退職の意思表示を代行する業務のことです。いきなり「今日退職します」と、携帯メールや当人ではない親などから退職の意思表示をするケースも増えています。社員サイドからすると経営者には会いたくない一心ということだろうと想像できます。

この問題は人間関係が希薄になってきたことに原因があるのではないかと考えています。電車に乗ると殆《ほとん》ど全ての乗客がスマートフォンをみてゲームやネットサーフィンに興じて殻に閉じこもり孤立化が進んでいるように見受けられます。しかしそれだけではなく、こうした行動からは会社組織に迷惑をかけることへの配慮は感じられません。また会社や寮に私物がある場合など、その後片付けは誰がするのかなどの配慮もありません。社会性が欠如した人が増えてきていることが憂慮されます。

経営者側からすれば退職する上は退職理由を説明して退職届を提出すべきだと考えるの

は当然のことです。そのためにも退職手続きを明記した就業規則等の整備が欠かせないのです。「転ばぬ先の杖」です。備えの大切さをお考えください。

本来労働者が退職するには使用者に申し出て、その承諾を得て退職（合意退職）するのが原則です。しかし一方で労働者が一方的に通告したり第三者に通告させたりすることは実は有効なのです。民法第６２７条に期間の定めのない契約はいつでも解約の申入れをすることができ「雇用は、解約の申入れの日から２週間を経過することによって終了する」と定められています。就業規則で１か月前の退職届の提出を義務づけることは、労働基準法第20条（解雇予告）とのバランスから適法とされています。

会社の承諾を得ないで無断で一方的に退職した場合も原則として２週間経過すると有効になるので退職金支払いに関する処置の是非が問題となります。これについては判例でも退職金の不支給を正当と認めた判決（１９８２年１月29日大阪地裁判決、大宝タクシー事件）と、それとは真逆の退職金の不支給は無効とする判決（１９６９年岡山地裁玉島支部栗山精麦事件）があります。

争点は退職日までの２週間勤務しなかった結果の業務上の支障、突然の退職の影響、事務引き継ぎの影響などの事情が勘案されます。

次は一方的退職者に対して有給休暇の付与義務の有無に関する問題です。

出社すらせずに会社に一方的に退職日を通告し、その退職日までは有給処理を申請するケースです。なんと都合のよいことでしょう。普通に考えると有給休暇は「休息権」として与えられているのであり、退職予定者には休息して勤務する余地がないので付与する義務が無いと考えられます。しかし有給休暇を取得する権利は在職中にあるため退職日までは有給取得権は存在することも考えられるのです。通常の場合、有給取得日と事務引き継ぎ日を取り決めして退職日を決める訳ですが、その余地が無いこととなり実に悩ましい。皆さんはどうお考えでしょうか？

このような有給休暇の取得は労働契約上の信義則違反で権利濫用と考えられる、というのが私の見解です。有給休暇を何日認めるかということと退職日の決定については会社の損害や信義則違反の点からも交渉の余地はあると考えます。

最後にＤ・カーネギー著『**人を動かす**』の言葉をご紹介致しましょう。


「議論に勝つ唯一の方法として議論を避ける」

逆説的な言葉です。退職問題はどうしても感情的になりがちですが、冷静になって「去る者は追わず」の立場で、どのように退職して頂くかを検討していきましょう。感情的になってはいけません。腹を立てるかそれとも心を静めて冷静になるかのどちらかで人間の大きさが決まってきます。

3. 社長が労災事故で無保険になる

(1) 労災保険とは

パートタイマーでもアルバイトでも、つまり労働者を1人でも使用した場合は個人事業主であっても全て例外なく「**適用事業主**」となり、労災保険に強制加入しなければなりません。もし労災保険に加入していなくても災害にあった労働者になんら責任がない場合は保険給付は制限されることなく行われます。この場合、社長が故意または重大な過失によって保険関係の成立の届出を行なっていた場合は徴収金として保険給付の額の40%が課せられます。また労働基準監督署から是正勧告を受けることになります。

労災保険は「**業務災害**」と「**通勤災害**」があり保険給付は左記の通りとなっています。

①療養補償給付（指定病院等において無料で診断を受けることが出来る）

②休業補償給付（休業し賃金が支給されない場合に賃金補償を受けることが出来る）

③障害補償給付（業務災害等で傷病を治療したときに身体に障害が残り、身体能力が喪失した場合に年金または一時金を受給する制度です）

その他、介護補償給付・遺族補償給付・埋葬料などがあります。

（2）特別加入制度について

中小事業主やその家族従事者についても業務の実態などから労働者に準じて労働保険の保護対象とする場合があります。これを**特別加入制度**といいます。

①**中小事業主と家族従事者**は、労働保険事務組合に労働保険に労働保険の事務処理を委託することで、中小企業及びその事業主及びその事業に従事する者を包括して加入させることで特別加入となります。

②**一人親方と家族従事者**は、建設等を行うことを常態とする者とその家族であって業務に従事する者とを合わせ特別加入できます。

③海外派遣者

（3）どのような労災事故があるのか

労災事故というと機械で手を挟んでしまったというような事故をイメージしますが、職場には様々な危険が潜んでいます。次のような場合は労災になります。

①会社内の階段につまずいて転倒して骨折
②物品をトラックへ積み込むため、荷物を持ち上げたときにギックリ腰に
③バイクで通勤中に転倒（通勤災害）

労働保険の保険料は次のようになります（**一例**）。

日額10、000円×365日×労災保険料（12÷1、000）＝43、800円

日額は3、500円～25、000円の範囲で選ぶことができます。社員と同じ労災保険料率ですので安い保険料といえます。保険給付の範囲が就業時間内のみや労災事故に限られるなど給付の範囲が狭いと言えます。

一般的に民間の傷害保険の方が保険料が高くて支給範囲が広いと言えます。

給付内容によっては併給されるケースがありますのでご確認をお願いいたします。

社長や経営者が労災事故にあっても特別加入に入っていないと労災保険は適用されません。しかも原則として労災事故の場合は健康保険さえも適用されないのです。健康保険は私傷病としたプライベートの病気や事故を適用範囲としており労災事故を対象としていないのです。社長が労災事故を起こした場合、小さな怪我であれば実費で治療できますが、長期入院となるとその膨大な費用を自費で賄うことは困難です。会社内の怪我は原則、労災事故と考えて対応する方が良いでしょう。また、健康保険で怪我の治療を受けるときには必ず負傷原因報告書という労災事故でないかどうかの報告書の提出を求められています。

また自動車保険の対人賠償・対物賠償の任意保険の加入率は全国平均で約74％との統計があります。（２０１７年「自動車保険の概況」調べ）

自動車事故の場合は原則、自賠責保険や自動車保険が優先されて給付されます。しかし無保険の車に後ろから衝突されて入院となった時などは相手が無保険なのですぐに補償を受けられません。このような場合は特別加入の労災保険に加入していると労災保険から先行して給付を受け、後日相手方に賠償を求めることが可能となります。

《通勤労災になるかどうか》

通勤途上の事故は労災保険の補償対象になっていても全てが通勤災害になる訳ではありません。通常の通勤経路を逸脱した場合、逸脱・中断後の移動は、事故があっても通勤労災とは認定されないので注意が必要です。逸脱・中断の例外となる行為は日常生活上必要な行為であり厚生労働省令に定められています。最小限の範囲で行う場合は逸脱・中断の間を除き、その後は再び通勤の範囲となります。

◉日常生活上必要な行為とは、日用品の購入や病院の診察・治療などです。

《第三者行為災害の場合》

「**第三者行為災害**」とは左記の要件を満たした事故を言います。

①被災者は被った事故が第三者の行為によって生じたものであること
②第三者が被災者に対して損害賠償の義務を有していること

通勤労災が第三者行為災害の場合、被災者は労災保険の給付を受けると同時に第三者からの損害賠償を受けることができます。

ただし同じ内容については重複して受けることができないため、同一事由については支給調整が行われます。第三者行為災害において労災保険給付を先に受けた場合、労働基準監督署・国は被災者が第三者に対する損害賠償請求権を代位取得して第三者に行使します。これを「**求償**」といいます。

被災者が第三者から先に損害賠償を受けた時、労働基準監督署・国からはその価額の範囲内で労災給付が行われません。これを「**労災給付の控除**」といいます。

支給調整は同一事由によるものであり、自賠責保険からの「慰謝料」と労災保険からの「特別支給金」は同一事由による給付には該当しないので支給調整の対象になりません。

《自賠責の補償について》

自賠責保険は被害者に対して損害賠償義務を負い、この損害賠償責任保険義務を保険転嫁した対人保険です。公道を走行する自動車は必ず加入しなければならないことから強制保険と言われています。

自賠責保険の補償は傷害による補償として支給され、治療関係費・文書費・休業損害および慰謝料が支払いの対象になります。支払い限度額は被害者1名つき120万円です。

「対人任意一括制度」とは加害者の加入している任意保険会社（自動車保険会社）が窓口になり、自動車保険の対人賠償保険の保険料と併せて自賠責保険まで支払う制度です。自賠責保険と自動車保険が違う会社の場合にも原則的にこのルールが適用されます。

《自賠責が利用できないケース》

次に該当する場合には自賠責保険からの保険金は支払われません。

◉加害者に責任がなく自己および運転者が自動車の運転に関し注意を怠らなかったこと、など。

100％被害者の責任で発生した事故（無責事故と言います）については、相手車両の自賠責保険の支払対象になりません。

具体的には左記の事故の場合は被害者への保険金支払いがありません。

①被害者のセンターラインオーバーによる事故

②被害車両の赤信号無視による事故

③後ろから追突した車両が被害車両

しかし自賠責が利用できない場合でも被災者の負傷が通勤途上もしくは業務上の事由であれば治療費・休業補償・逸失利益（障害年金）といった労災保険は給付されます。

中小企業の経営者の方で社員と同じように仕事をされている方は特別加入をぜひお薦めしたいと思います。

4. コンプライアンスって何ですか

コンプライアンスとは**法令遵守・社会規範の遵守**という意味に使われています。英語（compliance）では**応諾・従順**と訳されます。最近ではよく使われるので皆さんも耳にされたことがあると思います。簡単に言えば会社や個人が法令や社会規範に従うことがコンプライアンスだと言うことになります。**コンプライアンスの概念が近年重要視されているのは法令遵守のみでなく、社会規範や社会道徳、会社の利害関係者（株主、経営者、従業員、顧客、取引先など）の要望にかなうとの意味合いが出てきた**からです。

会社法において取締役は**善管注意義務（会社法第３４８条）**として会社が健全な経営を

行うためのリスク管理体制整備の義務を負うとされています。

◉会社法第３４８条の４（業務の執行）

「取締役の職務の執行が法令及び定款に適合することを確保するための体制その他株式会社の業務並びに当該株式会社及びその子会社から成る企業集団の業務の適正を確保するために必要なものとして法務省令で定める体制の整備」

SDGs（Sustainable Development Goals：持続可能な開発目標）や**CSR（Corporate Social Responsibility：企業の社会的責任）**など、グローバル化のため、より多様な価値観が企業に求められることになり問題を複雑化しています。コンプライアンス対策として中小企業経営者として気をつけたい３つのリスクを説明しましょう。３つのリスクとは以下の３項目を指します。

①労務リスク及び法律改正対応リスク

②情報漏えいリスク

③企業倫理欠如によるリスク

（1）労務リスク及び法律改正対応リスクについて

労働問題のコンプライアンス違反で問題になる項目は、過重労働、パワーハラスメントといった各種のハラスメント等があります。過重労働については働き方改革推進法が施行されています。働き方改革推進法の３本の柱となるのが、**「時間外労働の上限規制」**と**「有給休暇の確実な取得」**そして**「同一労働同一賃金」**です。

「時間外労働の上限規制」については36協定の締結と上限時間の管理です。そのためには労働時間管理は必須になります。

「有給休暇の確実な取得」には取得ルールや規程の再点検が必要です。そして有給管理簿の備え付けも必須です。コンプライアンス上の重要点は過重労働でないという規程や帳簿の整備がとても大切です。会社は適正な働き方をしていることを証明することが必要なのです。

ハラスメントには**パワーハラスメント**、**セクシャルハラスメント**、**マタニティハラスメント**などがあります。すべて法律に準拠しており会社の就業規則として規定化することができます。しかし難しい点は気の緩みなどによる発言や行動で足をすくわれることになる点です。

ハラスメント関連の「**ハラスメント防止規程**」および「**育児介護規程**」などを常に見直し、社内浸透に向けて力を入れる必要があります。

法律改正の中でも規制緩和は、アメリカからの外圧によって生じた立法だと言えるでしょう。１９９２年の大店法の改正からＮＴＴの分離、建築基準法の緩和、人材派遣の自由化、２００５年の会社法と独占禁止法改正、２００６年の特許法改正と続きます。しかし日本の規制緩和は徹底していないとの批判もあり、見直されたものもあります。

海外で生産する場合には環境汚染や人権問題等は厳しく追及されます。いよいよ国際的基準の圧力が日本企業にかかってくる時代になりました。

企業活動を行う上で必要最低限の法律は、**（１）会社法**、**（２）独占禁止法・知的財産法**、**（３）労働関連法**、**（４）消費者関連法**、**（５）ネット関連法**、**（６）各企業に属する業法**となります。コンプライアンス対策の基本はトップの法的意識です。法律をトップが理解し社内に浸透させることでコンプライアンスの社内理解が深まるのです。

（２）情報漏えいリスク

個人情報保護法の改正により、１件でも個人情報を取り扱えばその業者は全てこの法律の対象となります。法律の改正の方向としては**個人の権利保護が強化**され、逆に**事業者の責務が強化**されたと言うことに尽きます。詳しくは次項「**皆様も個人情報保護法の罰則対象に！**」をぜひご参照ください。

近年、最も注意すべきはＳＮＳへの社員の投稿に端を発する幾多のトラブルです。ＳＮＳを用いた誹謗中傷は対象人物や対象の会社を傷つけることになります。またＳＮＳによる著しく常識に反する投稿もトラブルの種ですし、機密情報の漏洩《ろうえい》すら想定されるのです。ＳＮＳは知らない内に次々と拡散してしまう危険性を孕《はら》んでいます。

これからの時代、入社時の研修や社内研修ではＳＮＳを意識したものにすることが絶対に必須だと言っても言い過ぎではありません。ネット社会では**企業として情報セキュリティに留意することがそのまま従業員対策となる**と言う観点で向き合いましょう。**情報セキュリティシステムによるアクセスの制限やコピーの制限などで、会社のデータを持ち出せないようにする仕組み**もぜひ構築してください。コンプライアンス対策は「**褒められるためのものでなく防御するための内部統制システム**」なのです。

（３）企業倫理欠如によるリスク

最も難しく最もコントロールし難いものとは何か、皆様はお分かりでしょうか？　それはズバリ！「**企業倫理の欠如**」です。法令違反ではないが企業倫理が欠如した行為として、以下のようなものがあります。

◉社会動向の変化への不適切な対応
◉法令違反さえなければ良いとする認識や態度
◉嘘を言ったり事実を公表しないなどの不誠実な態度
◉説明責任を果たさない態度

もともとの原因が**法令違反**であったとしても二次対応がこの**企業倫理の欠如**に起因する行動によって**企業活動が致命的な方向に追い込まれる可能性**があります。経営基本方針やコンプライアンス基本方針などを策定して会社全体に浸透させていく必要があります。とかく企業活動には厳しい目があることを意識して社内整備をすることをお薦めいたします。

5．皆様も個人情報保護法の罰則対象に！

（1）はじめに

皆様の会社でも毎月データベースを使って請求書を送付したり、挨拶状を送付したりしていませんか。**一定の目的をもって反復継続して遂行される同じ行為は個人情報を事業用に供しているということになるのです。**つまり**国の機関や地方公共団体や独立行政法人などを除くと個人データベースを事業に供していると、営利・非営利を問わず個人情報取扱事業者となり個人情報保護法の適用となる**のです。個人情報保護法の施行当初は個人情報の数が5，000件以下の事業所は対象外でしたが、法改正により取り扱う個人情報の数に関わらず個人情報取扱事業者に該当するようになりました。これから個人情報管理を行う中小企業にとって何からどのように個人情報管理に会社として取り組むべきかをご紹介いたします。

（2）個人情報保護法とはどのような法律なのか

個人情報保護法とは「個人情報」を扱う規制と義務を定めた法律です。
個人情報保護法では個人情報取扱事業者に５つの義務を課しています。

・取得する前に利用目的を伝えなさい
・利用目的の範囲で利用しなさい
・情報漏えいしないように管理しなさい
・第３者提供は、本人の同意を得なさい
・本人に公表・開示しなさい

「個人情報」とは生存する個人に関する情報であって以下のいずれかに該当するものをいう、と定義されています。

・当該情報に含まれる氏名、生年月日その他の記述等に記載され、もしくは記録され、又は音声、動作その他の方法を用いて表された一切の事項により特定の個人を識別することができるもの（他の情報と容易に照合することができ、それにより特定の個人を識別することができるものを含む）
・個人識別符号が含まれるもの

同法のガイドラインでは、個人情報の具体例を示しています。

・本人の氏名
・生年月日、連絡先（住所・居所・電話番号・メールアドレス）など
・防犯カメラに記録された情報等本人が判別できる映像情報
・特定の個人を識別できる音声録音データ
・特定の個人を識別できるメールアドレス
・個人情報を取得後に当該情報に付加された個人に関する情報
・官報、電話帳、職員録、法定開示書類（有価証券報告書など）、新聞、ホームページ、SNS、等で公にされている特定の個人を識別できる情報

個人識別符号に関する補足について以下のように定めています。

・身体の特徴（容貌、静脈、または掌紋など）のいずれかを電子計算機の用に供するため変換した文字、番号、記号その他符号であって、基準の適合するもの
・旅券の番号
・基礎年金番号

・免許証の番号
・住民票コード
・個人番号（マイナンバー）
・証明書（国民健康保険証など）に記載された文字、番号、記号その他の符号
・その他準ずるものとして、個人情報保護委員会規則で定める文字、番号、記号、その他の符号

これから個人情報管理を行う中小企業にとって、何からどのように個人情報管理に会社として取り組むかをご紹介いたしましょう。

（3）『はじめての個人情報保護法・10のチェックリスト付き』の利用

個人情報保護委員会が作成している『**はじめての個人情報保護法・10のチェックリスト付き**』は社員教育用にも利用可能ですので一読をお薦めいたします。個人情報保護法に関しての基本を知りルールを浸透させることに役立ちます。個人情報保護法は２０１７年５月30日から全ての事業者に適用されています。個人情報とは生存する個人に関する情報で特定の個人を識別することができるもので、顧客情報だけでなく従業員情報や取引先の名刺といったものも個人情報になります。例として「氏名」「生年月日と氏名の組み合わせ」「顔写真」が挙げられます。

(4) 2020年の個人情報保護法改正のポイントについて

個人情報保護法の2回目となる今回の改正は2020年6月に公布され、改正された個人情報保護法の施行は一部を除き公布後2年以内とされています。なお改正の主なポイントは下記の通りです。

①個人の権利確保

・利用停止、消去等の請求権緩和

・保有個人データの電磁的記録による開示や第三者提供記録の本人への提示

②事業者の責任の強化

・漏えい等により個人の権利利益を害する場合、個人情報保護委員会への報告を義務化

・違法又は不法な行為を助長するような不適正な個人情報の利用を禁止

・オプトアウトにて第三者提供できる個人データの範囲を限定

③個人情報の利活用促進
・仮名加工情報の定義を設け、個人情報に関する利活用促進を図る
・提供先において個人データとなることが想定される場合の第三者提供に関する本人の同意確認を義務化

④ペナルティの強化（下は表にしたもの）
・個人情報保護委員会の命令違反をした場合、１年以下の懲役または１００万円以下の罰金（行為者）１億円以下の罰金（法人）
・個人情報取扱事業者（従業員又は従業員であった者）が不正な利益を図る目的で個人情報データベース等を提供、又は、盗用した場合、１年以下の懲役又は50万円以下の罰金（行為者）１億円以下の罰金（法人）
・個人情報保護委員会に対する虚偽報告をした場合、

◈ペナルティの強化

個人情報保護委員会の命令違反をした場合	1年以下の懲役または100万円以下の罰金（行為者）、1億円以下の罰金（法人）
個人情報取扱事業者（従業員又は従業員であった者）が不正な利益を図る目的で個人情報データベース等を提供、又は、盗用した場合	1年以下の懲役又は50万円以下の罰金（行為者）、1億円以下の罰金（法人）
個人情報保護委員会に対する虚偽報告をした場合	50万円以下の罰金（行為者）（法人）

50万円以下の罰金
（行為者）（法人）

（5）実務6つのポイントのご紹介

【◉ポイント1　個人情報利用の実務】

第15条　個人情報取扱事業者は、その事業活動で取り扱う個人情報の利用目的をできる限り特定することが求められています。

「具体的に利用目的を特定していない事例」

・事業活動に用いるため
・マーケティング活動に用いるため

「具体的に利用目的を特定している事例」

・事業における商品の発送、関連するアフターサービス、新商品、サービスに関する情報のお知らせのために利用いたします、などの利用目的を明示していること

第16条利用目的による制限では、あらかじめ本人の同意を得ないで、特定された利用目的の達成に必要な範囲を超えた利用を行わないように求めています。

「本人の同意を得ている場合」

・本人からの同意する旨の口頭による意思表示
・本人からの同意する旨の書面（電磁的記録を含む）の受領
・本人からの同意する旨のメールの受信
・本人からの同意する旨の確認欄のチェック
・本人からの同意する旨のホームページ上のボタンのクリック
・本人からの同意する旨の音声入力、タッチパネルへのタッチ、ボタンやスイッチ等による入力

【◉ポイント2　安全管理措置】

第20条では、個人情報取扱事業者が、その取り扱う個人データの漏えい、滅失、又は毀損の防止その他個人データの安全管理のために必要かつ適切な措置を講じることが求められています。事業者が行う安全管理措置について、ガイドラインでは以下6つの措置が定められています。

①基本方針の策定

②個人データ取扱いに係る規律の整備
③組織的安全管理措置
④人的安全管理措置
⑤物理的安全管理措置
⑥技術的安全管理措置

なお個人情報の保護に関する法律についてのガイドラインの別添・講ずべき安全管理措置の内容では左記のような安全管理措置の対象と具体例を挙げています。

- 個人データを取り扱う区域の管理（物理的安全管理措置）
- 機器及び電子媒体等の盗難等の防止（物理的安全管理措置）
- 電子媒体等を持ち運ぶ場合の漏えい等の防止（物理的安全管理措置）
- アクセス者の識別と認証（技術的安全管理措置）
- 外部からの不正アクセス等の防止（技術的安全管理措置）
- 情報システムの使用に伴う漏えい等の防止（技術的安全管理措置）

【◉ポイント3　個人データの第三者提供】

第三者提供の制限では個人情報取扱事業者が個人データを第三者に提供する場合に本人に同意を得ることや、同意を得ない場合の本人への通知または容易に知り得る状態に置く必要にある事項、個人情報保護委員会への届出などが求められています。同意が不要な例外として、（1）法令に基づく場合、（2）委託、事業承継、共同利用の場合、（3）オプトアウトを用いる場合があります。オプトアウトを用いる場合は左記の改正があり見直しが必要です。

- **要配慮個人情報はオプトアウト不可（必ず本人の事前同意が必要）**
- **オプトアウトに関して本人に通知または本人に容易に知り得る状態に置くようにする**
- **オプトアウトによる第三者提供を行う際に委員会への届出が必要**

【◉ポイント4　外国にある第三者への提供】

第24条では、個人情報取扱事業者は、個人データを海外にある第三者に提供する場合、次に掲げる場合を除いては、あらかじめ本人の同意を得ることが求められます。

- **法令に基づく場合**

・当該第三者がわが国と同等の水準にあると認められる個人情報保護制度を有している国である場合

・当該第三者が個人情報取扱事業者が講ずべき措置を継続的に講ずる体制にある場合

【◉ポイント5　保有個人データ開示等に関する実務】

第27条では個人情報取扱事業者は保有個人データに関し、次の事項を本人の知り得る状態に置くことを求めています。

・個人情報取扱事業者の氏名または名称

・すべての保有個人データの利用目的

・本人からの求めに応じる手続き（手数料を徴収する場合は、その額も含む）

・保有個人データの取扱いに関する苦情の申出先

以前より本人からの開示請求や訂正・利用停止の申出があった場合は対応が義務づけられていたが、今回の改正で本人に裁判上の開示請求権があることが明確化されました。

【◉ポイント6　匿名加工情報について】

匿名加工情報制度はビッグデータ活用を推進するための制度です。匿名加工情報とは特定の個人を識別できないように個人情報を加工し、その個人情報を復元できないようにした情報のことです。加工にあたっては個人情報保護委員会規則で定める基準を満たすことが求められます。ただ加工の基準が抽象的で分かり難いため経済産業省では「**匿名加工情報マニュアル**」を公表しています。**匿名加工情報**は一定の取り扱いルールの下、本人の同意も不要で利用目的も不問、さらに第三者への提供も可能となっており、自由なデータ活用ができます。

（６）プライバシーマーク取得の事業者

プライバシーマーク取得の事業者は定期的に監査があり、個人情報の取り扱いを適切に行っていると認定されています。プライバシーマーク制度とはＪＩＤＥＣ（一般財団法人情報経済社会推進協会）が運営している個人情報マネジメントシステムに適合し、個人情報について適正な保護措置を講ずる体制を整備している事業者等を評価して、その取得・認定維持を示すプラバシーマークを付与し、事業活動に関してプラバシーマークの使用を認める制度を言います。プラバシーマークを掲載できる効果は、名刺や会社パンフレットに掲載されることで顧客の信頼を得られることや、個人情報管理に積極的に取り組んでいると、外部の評価を得ることができます。

（7）最後に

個人情報保護法への対応は、一度ルールや諸規程を作成したら終わりというものではありません。定期的にセルフチェックや内部監査を行うことで個人情報保護に関する管理体制が構築されていきます。

「**ローマは一日にして成らず**」と言います。多くの人が関わる複雑なルールの構築になりますので日々の運用・教育によって活きた制度になるのです。

ＧＤＰＲ(General Data Protection Regulation)はＥＵ一般データ保護規則と呼ばれるルールで、欧州経済領域（ＥＥＡ）の個人データの移転や処理を規制しています。もともと１９９５年からデータ保護指令と呼ばれるルールがあったのですが、加盟国によって異なるものでした。そこでグローバル化する個人データの管理に対応するため２０１８年から適用開始になったのがＧＤＰＲです。

なおＧＤＰＲはＥＥＡ領内の個人データを扱う全ての企業や団体を対象にしています。

当然、ネットショップを個人で運営している個人事業主も対象になります。GDPRの罰則は違反によっても変わりますが最高で「2、000万ユーロ（約26億円）か「全世界年間売上高の4%」のいずれかの方の制裁金が科されると報道がありました。フランスの規制当局は米国Google（グーグル）に対し、5、000万ユーロ（約66億円）の制裁を科すと発表しました。

情報を持てば財産といわれた時代は過ぎ去り、今や情報を持つことはリスクであり漏えいや拡散による企業へのダメージは計り知れません。リスク回避のためには個人情報保護の必要性を正しく理解し、意識を高めながらしっかりと遵守していく体制および教育が必要です。

6. キャリアアップ助成金制度、非正規雇用労働者への対応

経営者や管理職の皆様は「私はずっと契約社員のままですか?」という質問を受けたことはないでしょうか。その時、明確な回答が出来ていたでしょうか。契約社員を含む非正

規雇用労働者の数が急増していることは耳にしていると思います。非正規雇用の割合は２０２０年の厚生労働省の統計で37・２％と２０１０年以降増加傾向にあります。（厚生労働省「正規雇用労働者と非正規雇用労働者の推移」より）

「キャリアアップ助成金」は非正規雇用労働者の方の企業内でのキャリアアップを促進するため、正社員化などの取り組みを実施した事業主に対して助成金を支給する制度です。令和３年度以降制度見直しに伴う内容変更が行われましたので、変更点もご紹介していきます。まずキャリアアップ助成金に取り組むメリットとデメリットから解説してみましょう。

（1）キャリアアップ助成金のメリット

有期雇用労働者、無期雇用労働者、パートタイマー労働者、派遣労働者を正社員化することにより、正社員化した社員のモチベーションおよび定着率が向上します。２０２１年4月より中小企業にも働き方改革により同一労働同一賃金の実施が求められています。その下で正社員化登用ルールを策定し、全ての労働者に対して正社員への機会を与えることは、より上昇志向の社風を醸成することに他ならないと考えます。

(2) キャリアアップ助成金のデメリット

キャリアアップ助成金を利用して正社員化すると賃金総額を3%以上の昇給をしなければ要件に合致しません。また社会保険加入も必須です。無期雇用労働者への転換の場合でも社会保険加入要件を満たす場合は社会保険加入は必要です。

つまり昇給や社会保険加入により人件費が増加することは否めません。

また解雇者がいると一定期間はこの助成金の申請ができません。

(3) 受給額はどれぐらいなの

有期雇用労働者等を正規雇用労働者等に転換、または直接雇用した場合に企業に助成されます。左は中小企業の場合の受給額です。

有期雇用労働者→正規雇用労働者	一人あたり 570,000円 (720,000円)
有期雇用労働者→無期雇用労働者	一人あたり 285,000円 (360,000円)
無期雇用労働者→正規雇用労働者	一人あたり 285,000円 (360,000円)

(　) 内の金額は生産性要件を満たした場合の金額

その他派遣労働者を派遣先で正規雇用労働者として直接雇用した場合、２８５、０００円の加算など各種加算措置もあります。転換には以下の①～③のケースがあります。

①例えば６か月の有期契約を結んだ労働者を、６か月経過後に正規雇用に転換すること

②同じく有期契約を結んだ社員を、期間の定めの無い無期雇用労働者に転換すること

③期間の定めの無い無期雇用労働者を、正規雇用労働者（給与の支給形態、賞与の支給、定期昇給や昇格といった、正規雇用労働者としての待遇を有する社員）に転換すること

が必要となります。また有期契約中であっても社会保険の加入資格を満たしたときは社会保険加入の必要性が出てきます。

（４）正社員化コースの申請や手続きまでの流れ

キャリアアップ管理者の選任

←

キャリアアップ計画書の作成・提出

←

就業規則等の改定
↓
正社員への転換後6か月の賃金の支払い（賃金総額3％以上の増額が必要）
↓
支給申請　→　支給決定

正規雇用もしくは無期雇用へ転換する制度を就業規則に定めた上で労働基準監督署に届け出る事が必要で、それは正規雇用などへ転換する前に届出をしなければなりません。それと同時にキャリアアップ計画期間を定め（3〜5年）、事前に計画書を提出する必要があります。

（5）注意点と改正点について

2021年4月1日の改正点で注意したいのが昇給ルールについてです。5％から3％に変わって導入しやすくなったと考えられるかもしれませんが、賞与が含まれなくなったことで正社員になって賞与を増額したというのでは要件を満たさなくなりました。新要件は左記のようになります。

「正規雇用等へ転換した際、転換等前の6か月と転換等後の6か月の賃金を比較して3%以上増額していること」

基本給および定額で支給されている諸手当を含む賃金の総額であり、賞与は含めないこととします。

また注意しなければならない点は諸手当の支給の仕方です。

賃金3%以上増額の際に含めることのできない手当は**通勤手当・住宅手当・燃料手当・工具手当・休日手当・時間外労働手当・歩合給・精皆勤手当・食事手当**です。

逆に考えると**職務給・資格手当・家族手当**などは増額の際に含めて計算の上、支給しなければなりません。

生産性の向上で助成率や支給額が上がることがあります。「**生産性要件**」といいます。キャリアアップ助成金の場合で570、000円の受給だった受給額が生産性要件を満たすと720、000円にアップします。「生産性要件」とは日本が少子高齢化社会の中、少ない労働人口でも経済成長を図っていくためには労働者一人ひとりの付加価値（生産性）を向上した企業を応援するという政府からの課題です。その課題目標が生産性要件で、助成金の支給申請を行う直近の会計年度における生産性がその３年前に比べて原則６％伸びていることが要件になります。

生産性とはいわゆる「**従業員一人当たりの付加価値**」のことであり、左記の算式で計算されます。

生産性＝（営業利益＋人件費＋減価償却費＋動産・不動産賃貸料＋租税公課）÷雇用保険被保険者数

（６）正社員化コース以外のキャリアアップ助成金とは

今回改正のあった、キャリアアップ助成金の正社員コース以外の受給例をピックアップしてご紹介します。

①障害者正社員コース

支給対象者が「重度身体障害者」「重度知的障害者および精神障害者」のとき、有期雇用から正規雇用へ転換を行うことで２００、０００円の受給となります。

②諸手当制度等共通化コース

健康診断コースは諸手当制度等共通化コースに統合されました。

有期雇用労働者等に関して正規雇用労働者と共通の諸手当制度を新たに設け適用した場合、または有期雇用労働者等を対象とする「法定外の健康診断制度」を新たに規定し、延べ4人以上実施した場合に中小企業の場合1事業所あたり380，000円（**1回のみ**）の受給となります。

（7）最後に

山崎豊子の小説で『**しぶちん**』という、丁稚から木材問屋へ成功した「しぶ万」と呼ばれた倹約家の兎に角どケチで金銭への執着が強い経営者の話があります。

おかずは魚の骨、頭、臓物などのアラですまし、宴会に出ると椀ものに少しだけ手をつけて残りは折箱に詰めて息子の夜食と朝食用に持ち帰るという節約ぶりでした。杉の折箱を屋根の雨漏りの修理用に使うという徹底ぶりでした。そんなある日「しぶ万」が大阪商工会議所の議員になることになりました。その宴席で多額の寄付をして周囲をびっくりさせたのですが「しぶ万」は折詰を詰めながらこう言うのです。

「かましまへん、また明日からしぶちんで、せっせと銭、溜めさして貰いまっさ、こうでないと銭というもんは溜まりまへん」

この小説の主人公のように「**全ての社員の付加価値を最大化して、全ての利益は経営者の既得権益**」ということを公言される方がいらっしゃいます。この考え方は社員を活用するという意味では間違いではないかもしれません。しかし一方で株式投資の格言に「**頭と尻尾はくれてやれ**」という言葉があります。株式投資をしていて、まだまだ上がるだろうと欲をかいていると暴落して結局損をすることがあるという喩えです。人事戦略においても昇給や福利厚生策などの先手を打って、社内の上昇気流の風土を形成する上でキャリアアップ助成金制度は最善手です。ぜひ活用をご検討下さい。

7．高齢者雇用について（生涯現役？　いつまで働くの）

日本は少子高齢化が急速に進展しています。労働力人口の減少を跳ね返し経済と社会を発展させるための全員参加の社会実現が求められています。

15～64歳人口は１９９７年の８、６９７万人をピークに減少を続けており、２０１７年には７、６０４万人と20年間で１、０００万人程度減少し、２０４０年には5、０７８万人まで減少すると予想されています。そこで長寿化による職業生活の更なる長期化の中、高齢者の活躍支援が求められているのです。（「雇用政策研究会報告書」２０１９年７月　雇用政策研究所　抜粋）

65歳以上の社員の人も２０１７年１月１日から雇用保険の加入要件を満たせば雇用保険が適用（加入）されるようになりました。

２０２０年４月１日からは雇用保険の免除規定が撤廃され労使とも雇用保険料を納めなければならなくなりました。ちなみに上限年齢はありません。80歳でも１００歳でも働いている限りは雇用保険の納付は必要で、安倍晋三元総理大臣の掲げた「生涯現役社会」が実現しつつあるのです。

（1）定年制度改正の推移

１９８６年　55歳以上定年から60歳以上定年を努力義務に

１９９８年　60歳以上定年を義務化

2000年　65歳までの雇用確保努力義務に
2006年　65歳までの雇用確保を義務化
2013年　希望者全員の65歳までの雇用（再雇用可）を義務化
2021年　70歳までの雇用確保を義務化
2025年　65歳定年の義務化を予定

(2) 改正高年齢雇用安定法について

2021年4月1日から改正高年齢雇用安定法が施行されました。

> **65歳までの雇用確保（義務）**
> **＋**
> **70歳までの就業確保（努力義務）**

70歳までの就労確保措置を講じることが「努力義務」となったことに伴い再就職援助措置などが追加されています。

(3) 高年齢者就業確保措置について

定年を70歳未満に定めている企業や65歳までの継続雇用としている企業は次の1～5の**高年齢者就業確保措置**を講じるよう努める必要があります。

1．70歳までの定年引上げ
2．定年制の廃止
3．70歳までの継続雇用制度の導入
4．70歳まで継続的に業務委託契約を締結する制度の導入
5．70歳まで継続的に以下の事業に従事できる制度の導入
（1）事業主が自ら実施する社会貢献事業
（2）事業主が委託、出資等する団体が（資金提供）行う社会貢献事業

3から5に関しては事業主が講じる措置について対象者を限定する基準を設けることが可能ですが、その場合過半数労働組合等の同意を得ることが望ましいとしています。

4と5に関しては過半数労働組合等の同意を得た上で措置（創業者支援措置）を導入する必要があります。組み合わせて導入する場合、原則的に［**3**］の70歳までの継続雇用制度を導入して個々の労働者の希望を聞いた上で業務委託契約を締結する場合、過半数労働組合等からの同意を得る必要はありません。

（４）業務委託契約と雇用契約の違い

労働基準法第９条では「労働者」とは職業の種類を問わず事業又は事務所に使用される者で賃金を支払われる者をいう、と規定しています。

労働基準法研究会（１９８５年12月19日報告）の判断基準に基づき実態を踏まえて労働者と判断されます。その判断基準とは一つは使用従属性です。指揮監督下の労働であるかどうかです。業務委託契約が一定の仕事に対してその成果物に対して報酬を支払われる限り、労働者は時間基準や勤務場所・勤務時間の拘束がある点で判断されます。その他、機械、器具の設備を負担しているか、報酬の額、専属性、社会保険加入も判断基準になります。

報酬の面では労働者ではないのだから最低賃金以下の金額での契約でも良いということではなく、今回の高齢者の創業支援等措置で経験・能力・業務量等を考慮することが求められています。

（５）労使協定方式とは

２０１３年３月31日以前には60歳から65歳までの継続雇用の対象者を限定する基準を労使協定方式で定めることができていました。現行の法律では65歳までの労使協定を再締結することはできませんが、65歳から継続雇用について労使協定で基準を定めることは可能です。以前の労使協定を締結している場合に経過措置を設けて規定変更および運用を行うことが出来ます。

65歳までの基準年齢は3年ごとに1歳引き上げています。

2019年4月1日から令和4年3月31日まで　63歳
2022年4月1日から令和7年3月31日まで　64歳

もちろん経過措置を設けず65歳からの継続雇用に関してのみ労使協定を締結して今回の改正に沿った規則変更を行うことも一案です。

（6）まとめ

２０２２年４月から65歳未満の在職老齢厚生年金の基準額が28万円が47万円に引き上げられます。在職老齢厚生年金制度とは老齢年金を12で割った「基本月額」と社会保険の等級に賞与保険料等級を12で割った月額を加えた「総報酬月額相当額」が、現在28万円以下

◆給与と65歳までの厚生年金受給イメージ

現状　給与額21万円　年金予定額15万円（受給例）

給与額21万円	年金受給額11万円	年金停止4万円

2022年4月改正後　給与額21万円　年金予定額15万円（受給例）

給与額21万円	年金受給額15万円（満額支給）

であれば年金が満額支給されます。この基準額が47万円に引き上げられ、年金カットになり労働意欲が削がれる面がありましたが、47万円に引き上げになりますので60歳以上の方が働きやすくなる改正であると考えます。企業担当者は労働法規の改正および保険関係の改正を踏まえ、高齢者の知識・能力を活用することによって高齢者の活躍の場を広げることをお薦めしたいと思います。

8．最低賃金の引き上げの実務対応のポイント

（1）最低賃金の引き上げについて

２０２１年10月から適用となる都道府県別最低賃金の改定額が公表されました。全国平均28円の引き上げ幅は３・１％です。**今回の引き上げ額は２００２年度に時給で示す現在の方式になってから過去最大の引き上げ額**になります。

日本商工会議所は地域別最低賃金改定に対して下記を提言しました。

「最低賃金は全ての企業に一律に強制力を持って適用されることから、長引くコロナ禍により飲食業や宿泊業を中心に極めて厳しい業況の企業が多い今年度については、なお事業の存続と雇用の維持を最優先にすべき状況であることを踏まえ、現行水準を維持することを強く主張してきた。東京で４回目となる緊急事態宣言が発出されるなど、先が見通せない経済情勢の中、昭和53（１９７８）年度の目安開始以降で最高額となる大幅な引き上げとなったことは、極めて残念であり、到底納得できるものではない。中小企業・小規模事業者の窮状、とりわけ困窮している飲食業や宿泊業などの事業者の実情や痛みを理解していない結論と言わざるを得ない。多くの経営者の心が折れ、廃業が更に増加し、雇用に深刻な影響が出ることを強く懸念する」（抜粋）

（2）影響を受ける業種はどこか

中小企業は少なからず影響を受けることは間違いないと考えます。その中でもサービス分野の事業所に関しては、影響の深刻さが愛知労働局の監督・指導調査の結果で分かります。愛知労働局によると、最低賃金を下回っていた業種は食品や衣類販売など卸小売業が25・0％と最も多く、旅館など宿泊業・飲食サービス業22・9％、製造業20・8％　クリーニングや理美容業の生活関連サービス業、娯楽業と続いています。

最低賃金を下回っていた勤務形態別ではパートが78・3％、アルバイトが20・7％で、雇用調整のしわ寄せを受けやすい非正規社員が大多数と言えます。

（3）最低賃金額を国際比較してみると

「ＯＥＣＤ（経済協力開発機構）」とは、ヨーロッパ諸国を中心に日本やアメリカが加入している国際機関です。

世界の最低賃金ランキングは左記の通りとなっています。

1位オーストラリア（12・9ドル）
2位ルクセンブルグ（12・6ドル）
3位フランス（12・2ドル）
4位ドイツ（12・0ドル）
5位ニュージーランド（11・8ドル）
6位オランダ（11・3ドル）
7位ベルギー（11・2ドル）

8位イギリス（11・1ドル）
9位カナダ（10・5ドル）
10位アイルランド（10・3ドル）

日本は8.2ドルの14位で韓国の8.9ドルより低い統計となっています。アメリカは7.3ドルと先進国の中では最低賃金が最も低い統計となっていますが、平均年収では69、392ドルと1位でありアメリカの現実が表われている結果といえます。

この統計の「実質最低賃金」とはその国の景気と連動したもので、各国の賃金額を物価指数で割った値であり、その国ならではの値打ちを表しています。日本の最低賃金法の最低賃金とは異なります。

またインドや中国など日本にとって影響の大きい国の統計もありません。国際的には最低賃金は上昇する傾向にあります。（Real minimum wages (https://www.oecd.org)、OECD賃金統計参照）

（4）実務上の対応手順

最低賃金には都道府県ごとにすべての労働者及び使用者に適用される「**地域別最低賃金**」

と都道府県ごとに特定の産業に従事する労働者及び使用者に適用される**「特定最低賃金」**があります。「地域別最低賃金」と「特定最低賃金」が同時に適用される場合には高い方の最低賃金額以上の賃金を支払わなければなりません。また最低賃金の対象とならない賃金も定めています。下記の賃金は算入せずに、最低賃金以上とすることが必要です。

- **結婚手当など臨時に支払われる賃金**
- **賞与など1か月を超えるごとに支払われる賃金**
- **時間外、休日、深夜割増賃金など**
- **精皆勤手当、通勤手当、家族手当など**

10月に改定が適用となりましたので、最低賃金額は下記の計算式でチェックできます。

例えば、基本給160，000円で交通費8，000円とします。大阪府の最低賃金は改定後、992円です。

基本給のみ対象160，000円÷所定労働時間168時間の場合＝

- **時間給≧最低賃金額**
- **日給÷1日の平均所定労働日数＝時間額≧最低賃金額**
- **月給÷1か月の平均所定労働日数＝時間額≧最低賃金額**

９５２円となり、
大阪府の最低賃金の９９２円を下回り見直しが必要になります。

（５）業務改善助成金とは？

「**業務改善助成金**」とは**生産性を向上させ、事業場内で最も低い賃金（事業場内最低賃金）の引上げを図る中小企業・小規模事業者を支援する助成金**です。事業場内最低賃金を一定額以上引上げ、設備投資（機械設備、コンサルティング導入や人材育成・教育訓練）などを行った場合にその費用を助成します。

賃上げは20円以上・30円以上・45円以上・60円以上・90円以上の5コースがあり、20万円から最大６００万円までの受給になります。

《生産性向上に資する設備・機器の導入例》

・ＰＯＳレジシステム導入による在庫管理の短縮
・リフト付き特殊車両の導入による送迎時間の短縮
・顧客・在庫・帳簿管理システムの導入による業務の効率化

◆賃上げに関わる「業務改善助成金」一覧

コース区分	引上げ額	引き上げる労働者数	助成上限額	助成対象事業場	助成率
20円コース	20円以上	1人	20万円	以下の2つの要件を満たす事業場 ・事業場内最低賃金と地域別最低賃金の差額が30円以内 ・事業場規模100人以下	【事業場内最低賃金900円未満】 4／5 生産性要件を満たした場合は 9／10（※2） 【事業場内最低賃金900円以上】 3／4 生産性要件を満たした場合は 4／5（※2）
		2～3人	30万円		
		4～6人	50万円		
		7人以上	70万円		
		10人以上（※1）	80万円		
30円コース	30円以上	1人	30万円		
		2～3人	50万円		
		4～6人	70万円		
		7人以上	100万円		
		10人以上（※1）	120万円		
（新設）45円コース	45円以上	1人	45万円		
		2～3人	70万円		
		4～6人	100万円		
		7人以上	150万円		
		10人以上（※1）	180万円		
60円コース	60円以上	1人	60万円		
		2～3人	90万円		
		4～6人	150万円		
		7人以上	230万円		
		10人以上（※1）	300万円		
90円コース	90円以上	1人	90万円		
		2～3人	150万円		
		4～6人	270万円		
		7人以上	450万円		
		10人以上（※1）	600万円		

（※１）10人以上の上限額区分は、以下のいずれかに該当する事業場が対象となります。①賃金要件：事業場内最低賃金900円未満の事業場 ②生産量要件：売上高や生産量などの事業活動を示す指標の直近３か月間の月平均値が前年又は前々年の同じ月に比べて、30%以上減少している事業者
（※２）ここでいう「生産性」とは、企業の決算書類から算出した、労働者１人当たりの付加価値を指します。 助成金の支給申請時の直近の決算書類に基づく生産性と、その３年度前の決算書類に基づく生産性を比較し、伸び率 が一定水準を超えている場合等に、加算して支給されます。 2021年８月から「業務改善助成金」が使いやすくなります 。

厚生労働省「業務改善助成金」より引用　※参照アドレス：00591257.pdf（https://www.mhlw.go.jp/）

・専門家による業務フロー見直しで顧客回転率を向上

その他変更点としてPC、スマホ、タブレットの新規購入、貨物自動車なども生産性向上の効果が認められる場合は対象になります。

※特例のうち、②生産性要件に該当する場合であって、引上げ額30円以上の場合に限ります。

◉申請の流れ

①事業改善計画と賃金引上げ計画を記載した「助成金交付申請書」の提出

②計画の認定がされ、「交付決定書」を受領

③生産性向上に関する機器などの導入を行い、業務改善を行う

④事業場内最低賃金を一定額以上に引き上げる

⑤「事業実績報告書」を提出する

（6）最後に

長期的にみると今後も最低賃金が引き上げられていくことが予想されます。これを踏まえて自社で賃上げするとしたらどのような規模でいつするのか、生産性向上のためにどのような設備を導入するのかを検討する必要があります。２０２１年8月から「業務改善助成金」制度において特例的な緩和・拡充措置が行われました。生産性を向上させて雇用環境を改善するためにも「業務改善助成金」のご検討をお薦めいたします。

9. 労働生産性の向上は良いことですか？

デービット・アトキンソン氏は著書『**日本企業の勝算**』で次のように提言しています。

「世界一輝いていた日本は先進国の中で第2位の貧困大国になってしまいました。日本の大半は、規模の非常に小さい中小零細企業で占められています。この構造を大企業と中堅企業を中心とした産業構造に再編することが、日本人全体の給料を増やすための唯一の方法です」

テレビの討論会でも企業規模の拡大、生産性の向上の議論をよく耳にします。国の政策もキャリアアップ助成金制度など雇用関係助成金でも労働生産性が5％アップすると助成率が上がる政策や、ＩＴ導入補助金、業務改善助成金など生産性向上のラインナップが揃っています。日本の生産性の世界ランキングは世界銀行のデータによると世界第34位で、韓国やトルコに負けています。１９９１年のランキングでも世界第26位で、その原因は中小企業が多い日本の企業風土など構造的な要因が大きいと結論づけています。

事務の効率化や繰り返し手書き記入している書類をデジタル化するなどの生産性の向上はお薦めいたします。

しかしここでちょっと立ち止まって考えてみましょう。本当に労働生産件の向上ばかりを追求することは良いことなのでしょうか。どの業種でも非効率であっても手を抜けない部分があるのではないでしょうか。

事例①　社会保険労務士業：多くの書類が電子申請になり顧客訪問する必要がなくなったかに見えます。そして訪問することでコロナ感染のリスクがあるとされていますが、訪問することで顧客の問題解決や顧客ニーズを感じ取ることができるメリットも大きいと考えられないでしょうか。

事例②　飲食店：コロナ禍の対策として顧客が来店すると、検温して手指のアルコール消毒を促し席数を空けて案内して、食事後、テーブルを殺菌して次の来客をお待ちしています。これも手を抜けない部分です。

事例③　アパレル小売店：顧客に来店頂いて試着をお薦めして3着の試着のうち1着が購入となり、顧客をお見送りした後、2着をたたんで棚に戻して次の来客をお待ちしています。これもまた手を抜けない部分です。

事例④　自動車部品加工会社：ジャストインタイムシステムにより適量の部品を毎日検品納品して納入先の欠品や不良品が出たらすぐに飛んでいかなければならないのです。これも手を抜けない部分です。

中小企業は大企業より労働生産性が低いので中小企業を統合していこうという話まで出ています。しかし、大企業は効率の悪い部分を中小企業に押し付けてきたのです。中小企業が日本経済の悪者のように言われるのはまことに心外です。

東大阪のあるコンビニエンスストア・オーナーがコンビニエンスストア本部と店の明け渡しを争っている事件をご紹介いたします。24時間営業を基本契約としていましたが、求人難のため２０１９年２月に店独自の時短営業を開始しました。本部はその年の末、客の苦情などを理由に契約を解除し店の明け渡しを求めて裁判で争っています。

本部側は閉鎖が続く店の駐車場だった土地を分けて登記し、ここで仮店舗の営業を始めました。一方、店舗オーナーの社長さんはオーナー契約が今も有効として出店に反発しています。

詳しい訴状などを読んでいないのですが、この事件は日本の中小企業の構造を表しているると言えるでしょう。大企業はフランチャイズ契約をするときは「必ず儲かりますよ」「応援します」と紳士的で甘い言葉で誘い、店舗オーナーは高額なフランチャイズ契約料を本部に支払います。しかし問題が起きるとバッサリ切り捨てられます。

誰が救ってくれるのでしょう。誰も救ってくれません。あなた自身の決断にかかっています。絶対に大企業と表立って喧嘩しないようにすることをお薦めします。

中小企業のオーナーは法律上や契約上では最初から負けるようになっていきます。国も基本的に大企業の経済団体などの意見を聞く時間しかありません。今回の事件についてはオーナーを助ける会ができてマスコミ報道もされています。おそらくこの店舗オーナーは24時間働き詰めで人材採用もままならず思い悩んだ末、時短営業に至ったのでしょう。

一度立ち止まって本当に大切なのは誰なのかを考えることも必要です。いつも買いに来てくださるお客様や毎日働いてくれる社員が大切です。ちょっとした工夫で従業員満足度も顧客満足度も向上できるのではないかと考えます。世の中、ＴＶをつければＳＤＧｓの大合唱です。フランチャイズ契約のマニュアル上は難しい点があるのかもしれませんがＳＤＧｓに少しだけ反旗を翻《ひるがえ》してみても良いのではないでしょうか。

「１０００円以上お買い上げの場合、レジ袋は無料にします」

レジ袋を無料にすれば、

「レジ袋はいりますか。○円になります」

「カバンにトートバッグがあります。あれ、やっぱりなかった。レジ袋下さい」

というやり取りがなくなり、働き手も買い手もちょっぴり満足です。

ポイント制度も同じ会話の繰り返しでは工夫がありません。店舗運営はマニュアル作業なのでキャリア習熟の上で初めて本当のサービスが出てくるものなのです。そこを忘れてはなりません。テクニックや知識に偏った店舗運営は大切な「何か」を積み残してしまうことを自覚しましょう。

「**コメダ珈琲店**」ではオーナーの裁量があって、朝市を行なったり英会話講座を開催するなど地域コミュニティーに溶け込む店舗運営をしています。十把一絡《じっぱひとから》げにマニュアル通りの運営を強いる経営戦略とは一味も二味も異なります。近江商人の「**売り手良し・買い手良し・世間良し**」の三方良しの心を思い出すことをお薦めいたします。

10．退職金制度には、どのような制度がありますか

（1）退職金制度を設定する目的

①勤続期間における会社への貢献に報いるため（功績報償的要素）
②社員の退職後の生活保障の一手段として（生活保障的要素）
③熟練工や成績優秀者の長期安定雇用のため（賃金後払い・足止め的要素）
④雇用契約を円滑に終了させるため（手切れ金的要素）

⑤良い人材を確保するため（求人対策的要素）
⑥公的年金などのプラスアルファであるもの（福利厚生的要素）
⑦他の会社に退職金制度があるから

（2）退職金規程は必要か

会社の規模が大きくなり社員が10人以上になると就業規則の作成義務が発生し、労働基準監督署への届け出義務が発生します。しかし退職金規程に関しては退職金の支払い予定もなく支払い実績もない場合、退職金規程は作成する必要がありません。しかし会社で退職金の支払いルールができた場合、退職金規程は作成が必要で、

①適用される労働者の範囲
②決定・計算・支払い方法
③支払い時期

の3点を記載しなければなりません。

（3）退職金の社外積み立てについて

逆に考えると低金利政策の中、中小企業退職金共済制度は（中退共）１％の金利が保全されている上、付加退職金という金利が加算される点は良い制度と言えるでしょう。国の独立行政法人が運営しており、新規加入の場合は掛金月額の２分の１（上限５千円）を申込み後４ヶ月目から１年間、国が助成してくれます。

よく似た制度で特定退職金共済制度（特退共）があります。違いと特徴は運営団体が生命保険会社で窓口が商工会議所等になっている点です。中退共は１年未満は掛け捨てで支給がありませんが、３年７か月で元本を上回るという金利面でのメリットがあります。ただし中退共と特退共の双方への同時加入は出来ません。どちらか一方にしか加入できないので不足分は積み立てするか他の制度に加入することが必要です。双方とも社員の口座に直接支給されます。

◆退職金の社外積み立て

（中小企業退職金共済制度の場合の金利低下について）
（毎月1万円を４０年間かけ続けたら給付額はいくらになるのか）

実施年	金利	４０年の積立額
昭和６１年から	6.6%	2,255万円
平成３年から	5.5%	1,703万円
平成８年から	4.5%	1,317万円
平成１１年から	3.0%	919万円
平成１４年から	1.0%	591万円

このように計画的に積み立てられた制度は支払い時期がいつであろうと積立段階で毎月損金として算入できるのです。

しかし退職金を現金で一括して支払うということになると、退職金の準備額を現金で用意しておかなければなりません。決算期をまたいでしまいますと会社の利益と見なされ、全額課税対象となるので注意が必要です。現金を用意できない場合、退職金規程があるときは退職金債務となります。

（4）退職金制度には、どのような制度がありますか？

退職金が老後の生活保障制度とするならば、どのような制度があるのでしょうか。まず「**退職金**」と「**企業年金**」との違いです。「退職金」は「退職一時金」とも呼ばれ、一般的には退職時に一時金として支給される制度のことです。「企業年金」は退職金制度の一部または全部を年金での受取を可能にするものです。「企業年金」は退職金制度の一部として任意に実施するもので私的年金ともいわれます。

公的年金には20歳から60歳までの国民全員が加入する「**国民年金**」と保険適用される会社員や公務員が加入する「**厚生年金**」があります。

退職金の類型には「**確定給付型**」と「**確定拠出型**」があります。確定給付型とは最終的な給付額について会社が責任を負う形式です。予め定めた給付の金額の約束を守ることがこの制度の特徴で、資産運用の不調や準備不足の場合は会社がその不足分を補う必要があります。確定拠出型とは毎月の掛金が直接的に従業員一人ひとりの財産として認識され、かつ外部に保全されるという特徴があります。具体的な制度として中小企業退職金共済制度や確定拠出型年金制度に加入して掛金を積んでおき、それに金利が上乗せされて支給される仕組みとなります。ただし確定拠出型の積み立てだけでは自己都合退職者への減額が限定的にしかできないので差額を会社が退職一時金として支払う規程も多くあります。

（5）確定拠出年金制度（iDeCoに加入しやすくなりました）

確定拠出年金は「私的年金」になります。私的な年金の活用により豊かな老後を過ごすことができます。確定拠出年金には企業が導入する「企業型確定拠出年金：企業型ＤＣ」「個人型企業型確定拠出年金：ｉＤｅＣｏ」があります。

《確定拠出年金制度の主な改正について》

iDeCoの脱退一時金の受給要件見直し（2021年4月1日施行）

◉通算の掛金拠出機関の要件が3年以下から5年以下へ拡大されました。

◉受給開始時期の選択肢の拡大（2022年4月1日施行）

公的年金の受給開始年齢の選択肢の拡大に併せて確定拠出年金の給付の受け取り開始期間が原則60歳（加入資格喪失後）から75歳までの間で選択することができるようになります。

企業型確定拠出年金・iDeCoの加入可能年齢の拡大（2022年5月1日施行）

現在、企業型確定拠出年金では、原則60歳未満の厚生年金被保険者を加入者とすることができます。2022年5月からは厚生年金被保険者（70歳未満）であれば加入者になれる改正が施されました。ただし企業によって加入できる年齢などが異なります。

iDeCoに加入できるのは60歳未満の国民年金被保険者等ですが厚生年金加入者の第2号および国民年金の任意加入被保険者は65歳未満までiDeCoに加入できるようになります。

（6）退職金設計のポイント

確定給付退職金制度には、3種類あります。

①賃金比例方式
②勤務年数比例方式
③ポイント制方式

退職金設計のポイント

①新卒、中途採用時に労働条件で見劣りしては困るので必要である
②きわめて短期で離職する者には退職金は支払いをしない
③自己都合退職者は退職金の支給額を減額する
④懲戒解雇者については退職金を支給しない
⑤退職金コストの問題の解消を検討する
⑥退職金給付を貢献度に応じた給付に変えることを検討する

中小企業には、管理の面からも、**勤務年数比例方式＋役職加算方式**をお薦めします。

しかし現行の退職金規程から改正する場合、妥協点を踏まえつつ取り組むことも必要です。また、退職金規程を変更する場合は社員説明会を行い同意書を得ることが必要です。

◆退職一時金の算出方法

（東京都労働経済局調べ）

賃金比例方式	81.6%
勤務年数比例方式	11.8%
ポイント制方式	6.6%

そして企業型確定拠出年金の場合、社員は自己責任で資産運用に臨む訳ですから投資教育は会社の責任になります。

11．ベーシックインカムは必要か

(1) ベーシックインカムとは

ベーシックインカムとは社会保障制度等が議論される際に出てくる政策・制度のことで簡単に言うと最低限の所得を保障する仕組みです。所得制限なしに国民の子供から老人まで一律７万円程度（案）を支給して、今までの生活保障・年金制度・失業保険・子供手当などを見直す制度です。パソナグループ会長の竹中平蔵氏や経済評論家の森永卓郎氏など影響力のある人が提唱したことで現実味を帯びてきています。

アメリカ合衆国の心理学者、Ａ・Ｈ・マズローは人間の欲求が低次的欲求から高次的欲求へ成長する**欲求５段階説**を説きました。その５段階とは、

1、生理的欲求（食べたい・寝たいという欲求）
2、安全の欲求（家や家族があって守られたいという欲求）
3、社会的欲求（村や会社に所属したいという楽しい欲求）
4、承認の欲求（人から認められたいという欲求）
5、自己実現の欲求（自分の持つ能力や可能性を最大限発揮したいという欲求）を指します。
マズローは、これが人間の根幹をなす動機であると定義づけたのです。
そしてこれらは人間の成長動機になるとしました。

5段階ベーシックインカム推進論者は、「1」の生理的欲求は国家が保障することでより高次な欲求を求める人が増え、創業者や研究者の創出につながるとしていますが果たして本当にそうでしょうか。
最近の例で言うと2020年に追加経済対策として支給された定額給付金（国民一人当たり一律10万円支給）ですが、政府統計によると消費押し上げ効果は2割程度に留まったとの試算があります。この試算からもベーシックインカムが導入されることが創業者支援につながるとは考え難いのです。

◈ マズローの「欲求5段階説」

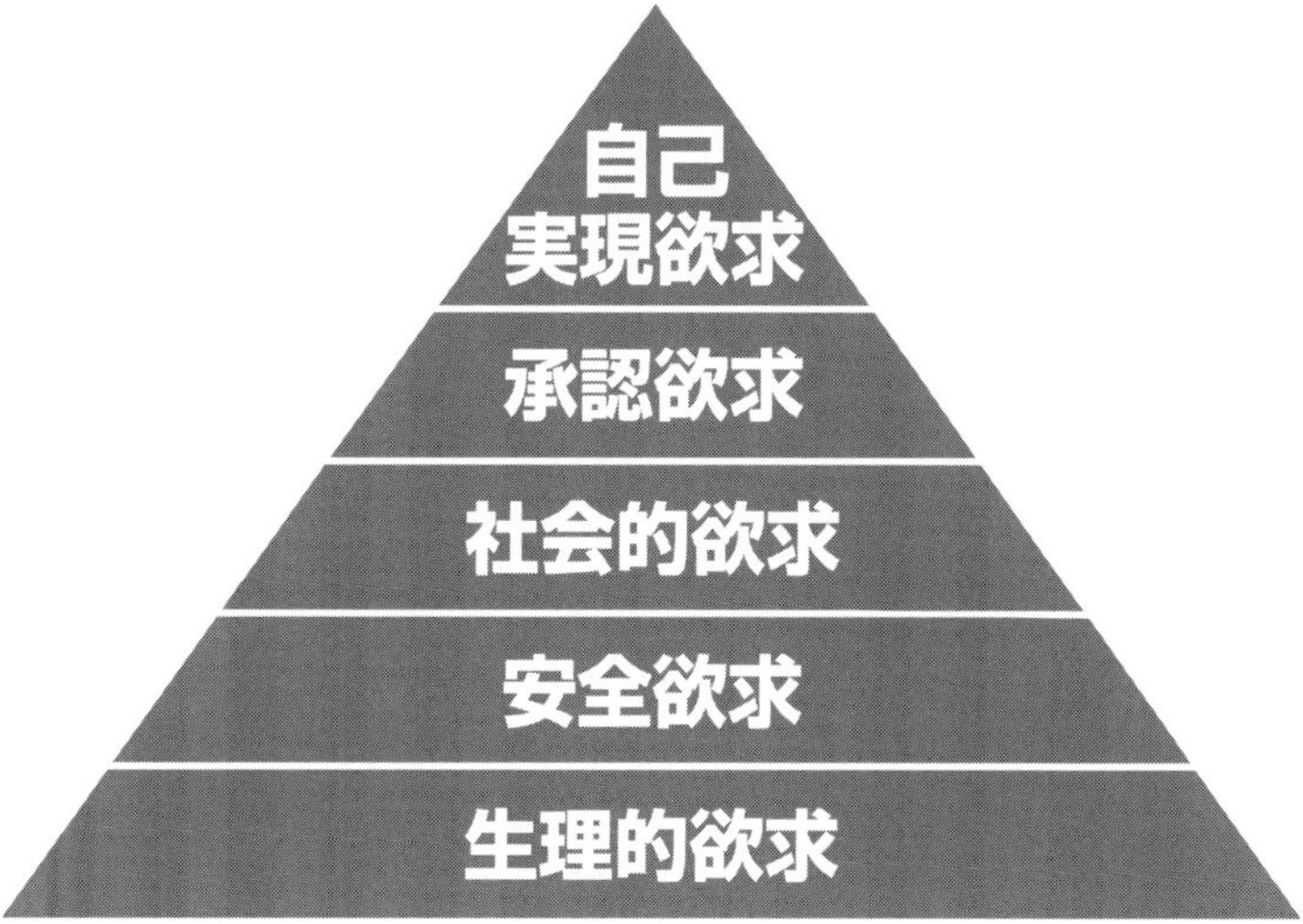

(2) 税率と勤労意欲

かつて米国の経済学者アーサー・ラッファーは税収と税率との間にラッファー曲線なる関係があると主張しました。ラッファー曲線の考えを簡単に説明すれば**政府が税収を増やすために税率を高めて行くと、あるところまでは確実に税収が増えて行くが、税率が一定の水準を超えてしまうと人々が働く意欲をなくし、経済活動の水準が低下するため、逆に税収が減ってしまう**という説です。**(次ページに図)**

最近では後期高齢者医療負担の引き上げ実施、健康保険料率・介護保険料率の負担増加、年末調整の定率減税の終了、消費税引き上げ実施などの社会保険料と所得税などを含めた国民負担率は増加しています。逆に富裕層は負担率は軽減されているのです。これは全所得が1、500万円を超えると全所得に占める「利子所得・配当所得・株式や土地の譲渡所得」の割合が急激に大きくなるという統計があり、給与所得以外の税率が優遇されているとされています。

消費税の引き上げや社会保険料の上限額があることは富裕層への優遇となる訳です。低所得者層や中間層は勤労意欲をなくす悪しき税制度ではないでしょうか。

◈ラッファー曲線のモデル図

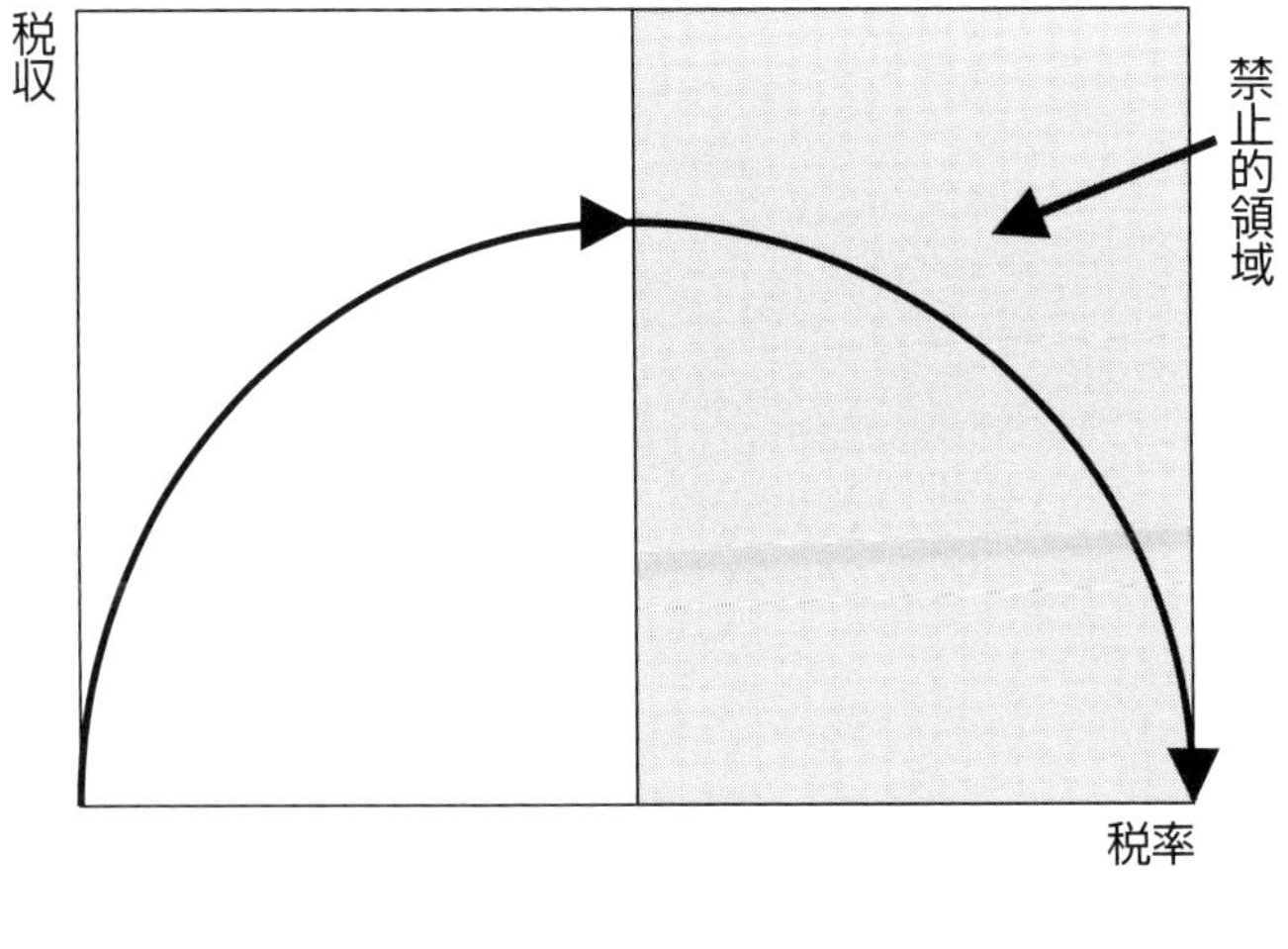

（３）ジニ係数　貧富差が広がる

厚生労働省は3年に1回所得再分配の調査を行っています。

この報告書の中で所得格差の度合い示す指標として用いられるのが「**ジニ係数**」です。

「ジニ係数」は数値が0に近いほど所得格差が小さく、1に近いほど大きいと言うことになります。１９６０年代には所得倍増計画や中流意識という言葉が社会現象になりましたが、現在は世相も変わってきています。

統計は次ページの表の通りです。

この統計では当初所得（**ジニ係数A**）の数値が年々上昇しており、当初所得の格差が広がっていることがわかります。再分配所得（**ジニ係数B**）とは当初所得から税金や社会保険料を控除し社会保障給付を加えたものですが、こちらのジニ係数Bは平成8年より平成26年が低くなっています。

《ポイント》

①フリーターなど非正規社員が増え所得格差が広がってきています

②再分配制度は高齢者向けの制度であり若者が再分配を受ける制度は少ないです

③消費税など間接税が考慮されていないので係数以上に所得格差は広がっています

日本の制度や統計上、高額所得者は懸命に蓄財し裕福になり、低所得者は勤労意欲を削がれる傾向にあります。中小企業経営者は大家族的経営の団結力を強くして、社長を中心としたリーダーシップでこの荒波を乗り越えていく方法しかありません。味方は誰か、ライバル企業に負けないためには何をするべきか、課題を一つひとつ解決していきましょう。

●良い社会保障制度：雇用保険・労災保険制度

●普通の社会保障制度：子育て支援制度・健康保険

◈所得再分配調査報告

（厚生労働省調べ）

	当初所得（ジニ係数A）	再分配所得（ジニ係数B）
平成8年	0.3764	0.3096
平成17年	0.4354	0.3225
平成20年	0.4539	0.3192
平成23年	0.4703	0.3162
平成26年	0.4822	0.3083
平成29年	0.4795	0.3119

制度・年金制度（修正が必要）

●悪い社会保障制度：ベーシックインカム制度

おわりに

日本国憲法第27条には「**すべて国民は、勤労の権利を有し、義務を負う。賃金、就業時間、休息その他の勤労条件に関する基準は、法律でこれを定める。児童は、これを酷使してはならない**」と定められています。

『本気でＦＩＲＥをめざす人のための資産形成入門　30歳でセミリタイアした私の高配当・増配株投資法』がベストセラーになって若年層に投資ブームが起き、働かずして配当で暮らしていきたいと考えている若年層が一定数いることはコロナなど経済情勢の影響だけではないと思います。憲法に関していうと権利に着目した報道が多いことも影響していると考えます。

「**働かざるもの食うべからず**」（新約聖書の言葉）は古い言い回しなので誤解がないように付け加えると、公的社会保障を切り捨てる意味ではなく「働けるうちは働くことが当たり前だ」という認識を日本社会の中で共有できると、社会経済も好転するのではないでしょうか。もちろん職業や働き方に貴賤は無いというのは当然のことです。筆者が高校や大学の講演会でよく依頼されるのは、「**会社にだまされないために**」「**ブラック企業に捉まらないために**」などのテーマが多いのです。しかし私はこの種の要望が学生や大学から多く寄せられることに危機感さえ感じます。

大前研一氏著の『**50代からの選択**』という著書に、「**会社に無限の感謝である。会社はさ**

したる個性もなく凡庸な才能しか持ち合わせていないあなたに、月々きちんと給与を払い続けてくれたのである」という言葉があります。

私もこれまで生きてきた人生に感謝し、これからは皆様へのご恩返しに生きていきたいと考えています。

いつも言葉が足りず、迷惑ばかりをかけてきた妻・由希子と事務所の皆様、そして事務所を退所した皆様にもこの場を借りて心からの感謝の気持ちを表したいと思います。

そして本書を手に取ってくださった皆様、本当にありがとうございます。本書が皆様の企業活動のお役に立てることをお祈りしています。

最後までお読み頂きありがとうございます。

２０２１年　夏　長野県・安曇野にて

中橋章好

※参考文献一覧
『人を動かす』D・カーネギー 著　創元社／『眠りながら成功する』ジョセフ・マーフィー 著　産能大出版部／『9つの性格』鈴木秀子 著　PHP研究所／『エニアグラム活用術』鈴木秀子 著　春秋社／『残業代支払倒産から会社を守るならこの一冊』河野順一 著　自由国民社／『採用・面接で採ってはいけない人の見きわめ方』松下直子 著　同文館出版／『OJTと組織開発　部下育成の行動パターンと効果』清水勤 著　総合労働研究所／『生涯顧客が生まれる101のマジック』角田識之 著　明日香出版社／『採用から退職までの法律知識』安西愈 著　中央経済社／『海賊とよばれた男』百田尚樹 著　講談社／『日本企業の勝算』デービット・アトキンソン 著　東洋経済新報社／『50代からの選択』大前研一 著　集英社

◈就業規則診断チェック表

○総則		
01	どの社員に適用になるか明確になっているか（正社員・パートタイマー等）	YES・NO
02	今後の規程の改定について、労働条件変更、雇用契約変更の可能性が含んでいるか	YES・NO
○採用・異動・休職		
03	提出書類が実態にあったものであるか	YES・NO
04	提出書類が法令に違反していないか	YES・NO
05	できるならば、提出期限、提出しなかった場合の措置、変更事項の取り扱いを定めること	YES・NO
06	試用期間の長さは妥当であるか（1か月から6か月）	YES・NO
07	試用期間の取り扱いを明確にしているか	YES・NO
08	異動（配置転換、出向、転籍）を命じる規定、もしくは別規定があるか	YES・NO
○休職		
09	休職事由と休職期間は妥当な範囲の定めになっているか	YES・NO
10	私傷病以外の休職適用の判断は可能か（公職につく場合など）	YES・NO
11	休職する場合の賃金、退職金の勤続期間の取り扱いは明確か	YES・NO
12	復職する場合の手続きが明確に定めてあるか	YES・NO
13	期間満了の退職について、どこかに定めてあるか	YES・NO
○退職・解雇		
14	退職と解雇は区別してあるのか	YES・NO
15	退職事由が明確になっているか	YES・NO
16	規定に定めなくとも、会社に返還する物品などの一覧を整理しているか	YES・NO
17	退職後の会社の機密保持、競業避止義務についての規定があるか	YES・NO
18	自己都合退職の場合、退職日までの退職者の義務が明示されているか	YES・NO
19	解雇事由、解雇予告、解雇制限が法令に沿って定めてあるか	YES・NO
20	解雇事由が合理的で、また、具体的に定めてあるか	YES・NO
21	解雇事由に一般包括条項の定めがあるか	YES・NO
○勤務		
22	有給休暇の時季指定を決めているか	YES・NO
23	育児・介護規程の手続きが明確になっているか	YES・NO
○賃金・退職金		
24	昇給を賃金見直しとしているか	YES・NO
25	残業代、時間外労働について、明確にしているか	YES・NO
○服務規律		
26	服務規律の心得（原則）が記載されているか	YES・NO
27	会社にとって最も必要な服務事項をわかりやすく具体的に記載しているか	YES・NO
28	出退勤のルールが明確になっているか（その手続き・連絡方法など）	YES・NO
29	入場禁止事項を定めているか	YES・NO
30	遅刻、早退、欠勤の手続き、取り扱いは明確か	YES・NO
31	情報化時代に即した機密漏えいや経営情報等の管理などの規定があるか	YES・NO
32	兼業禁止など規定を定めているか	YES・NO
33	就業時間中の組合活動、政治活動、宗教活動に関する規定を設けているか	YES・NO
34	ハラスメント防止措置義務に基づいた規定を設けているか	YES・NO
○懲戒		
35	懲戒事由と懲戒処分のバランスは適当か	YES・NO
36	処罰の種類は段階的になっており、想定しうる事由が列記されているか	YES・NO
37	懲戒事由に包括条項の定めがあるか	YES・NO
○付則		
38	施行日が記載されているか	YES・NO

◈エニアグラム診断表　あなたはどのタイプ？

タイプ1

- ☐ 1. 自分の欠点を改めるために努力する。
- ☐ 2. 物事が、きちんとしていないとイライラすることがしばしばある。
- ☐ 3. 物事は正しくあることが大切だ。
- ☐ 4. もっとよくやれるはずなのに、どうしてやれないのかと、しばしば自分も周囲の人々も責める。
- ☐ 5. 小さいミスや欠点でも気にかかる。
- ☐ 6. くつろぐのが下手で冗談や洒落が簡単に言えない。
- ☐ 7. 頭の中で自分の物差しを自分にも他人にも当てて批判する。
- ☐ 8. 他の人よりも取り越し苦労が多く心配性だ。
- ☐ 9. 几帳面で実直だが小心者だと思う。
- ☐ 10. 向上心が強く、もっと向上しなければいけないと思っている。

タイプ2

- ☐ 1. 自分は多くの人に頼られていると感じる。
- ☐ 2. 他人に奉仕することを大切に感じている。
- ☐ 3. 「他人にとって必要な存在でありたい」といつも思っている。
- ☐ 4. 多くの人々に親近感をもたれていると思う。
- ☐ 5. 人が困ったり苦しい立場に立たされたとき助けたくなる。
- ☐ 6. 好き嫌いにかかわらず、自分の目の前にいる人の世話をしてしまう。
- ☐ 7. 人に頼られることはうれしいが、ときどき頼られすぎて重荷に感じる。
- ☐ 8. 人のためにしたことなのに、感謝されていないと思うことがときどきある。
- ☐ 9. 気持ちと気持ちが通じ合うときに喜びを感じる。
- ☐ 10. 人が自分を気づかってくれる以上に人のために気づかっている。

タイプ3

- ☐ 1. 物事を達成するには、組織化して無駄なく効率的にやることを重視している。
- ☐ 2. 自分は成功しているといつも思っていたい。
- ☐ 3. 明確に目標を定め、その成果に向かって、今、自分が何をしたらよいかをよく知っている。
- ☐ 4. 達成表や点数など、自分がやり遂げた実績を示すものを好む。
- ☐ 5. いつも何かしていることを好む。
- ☐ 6. 仲間と一緒に働くのが好きで、自分自身、よい仲間でありたいと感じている。
- ☐ 7. 仕事に対しては正確で専門的でありたい。
- ☐ 8. 他人に対して自分は成功しているというイメージを与えていたい。
- ☐ 9. 自ら決断することを好むが臨機応変に意見を変えることもある。
- ☐ 10. 目標を達成するためには、時には相手にあわせて妥協する。

タイプ4

- ☐ 1. 多くの人々は人生の本当の美しさと良さを味わっていないと思う。
- ☐ 2. 自分の過去に強い哀愁を感じる。
- ☐ 3. 私がどのように感じているか他の人にはなかなか理解できない。
- ☐ 4. 自分にとって周囲の雰囲気は大切だ。
- ☐ 5. いつも自然に、ありのままに振る舞いたいが、それは難しい。
- ☐ 6. 象徴的なものに心がひかれる。
- ☐ 7. 他の人は自分が感じるように深くは感じていない。
- ☐ 8. 自分自身を悲劇の主人公のように感じることがある。
- ☐ 9. あまりにも自分の感じ方に囚われて感情が増幅し、一体どこまでが自分のものなのかわからなくなる。
- ☐ 10. 自分を平凡な人間だと思いたくない。

タイプ5

- ☐ 1. 自分の感情を表現することは苦手だ。
- ☐ 2. いつか役に立つものと思って溜め込む傾向がある。
- ☐ 3. 総合的に物を見たり色々な意見をまとめるのが得意だ。
- ☐ 4. 自分が直接関わる前に他人のしていることを観察する傾向がある。
- ☐ 5. いきなり人から「今どのように感じているのか」と聞かれても答えようがない。
- ☐ 6. 自分が率先して行うよりも他の人に任せる。

□ 7. 与えるより吸収する方が多い。
□ 8. 他人を避けて、ひとりでいる時間が好きだ。
□ 9. 話し声が静かなので「大きな声で話してほしい」と言われることがある。
□ 10. 支払ったお金に見合うものが得られないときは不満だ。
タイプ6
□ 1. ある種の権威者の側にいると神経質になる。
□ 2. 明確な指針を持ち、自分の立場を知っていたい。
□ 3. 物事をまじめに考えすぎる。
□ 4. 何か間違いはないかと、いつも自問している。
□ 5. いつでも危険を油断なく警戒している。
□ 6. 批判を攻撃として感じることがしばしばある。
□ 7. 自分の配偶者や仲間が何を考えているのかと、くよくよ心配することが多い。
□ 8. しようと思えば身を粉にして働くことができる。
□ 9. 友人たちは私のことを忠実で、人を支え励まし、思いやりがあると見てくれている。
□ 10. よいときも悪いときも終始変わらず、他の人たちを支えてあげられる。
タイプ7
□ 1. 他の人と比べて、人を疑ったり、動機を詮索したりしない方だ。
□ 2. 何でも楽しいことが好きだ。
□ 3. 他の人々が私同様にもっと明るい気持ちでいればいいのにと思う。
□ 4. ジョークや明るい話が好きで、暗い話は聞きたくない。
□ 5. いつも物事の明るい面を見る。人生の暗い面には目を向けたくない。
□ 6. よく「なんとかなるさ」と思う。
□ 7. 私は子どもっぽく、陽気な人間だと思う。
□ 8. パーティーなどでは目立ちたがり屋の方だ。
□ 9. ひとつのことに集中するよりも、次から次へと関心が移っていく。
□ 10. 自分の子ども時代を幸福なものだったと思い出すことができる。
タイプ8
□ 1. 自分が必要とするもののために戦い、必要とするものを断固として守り抜く。
□ 2. 他人の弱点をすばやく見つけ、相手が挑戦してきたら、その弱点を攻撃する。
□ 3. 他人と対決するのを恐れないし、実際よく対決する。
□ 4. グループの誰が権力を握っているのか、すぐ見分けがつく。
□ 5. 物事について不満を表明することはなんでもない。
□ 6. 力を行使するのは痛快だ。
□ 7. 攻撃的で自己主張の強い人間だ。
□ 8. すぐに退屈する。働いているのが好きだ。
□ 9. 仁義と筋を通すことは、私にとって重要な問題だ。
□ 10. よけいな世話をやかれるのが嫌いだ。
タイプ9
□ 1. 多くの人々は、物事にあまりに力を使いすぎている。
□ 2. 狼狽しなければならないような出来事など、人生にそうあるものではない。
□ 3. 何もしていないときがいちばん好きだ。
□ 4. 私はきわめてのんきな人間だ。
□ 5. たいていの場合、私は平穏平静だ。
□ 6. この前、眠れなかった夜がいつだったか思い出せない。
□ 7. 何かを始めるのに外部からの刺激が必要だ。
□ 8. 何事によらず力を浪費するのが嫌だ。物事を行う際、力の節約を考慮する。
□ 9. 私は感情に動かされない冷静な仲裁者だ。私にとっては、どちら側も同じことなのだ。
□ 10.「座れるのになぜ立つのか、寝ていられるのになぜ座るのか」という考え方に賛成だ。
★タイプ別のチェック数を多い順に並べて、最も数の多いのがあなたのタイプです。

[著者]
中橋章好（なかはし・あきよし）
社会保険労務士、賃金コンサルタント。昭和40年大阪府守口市生まれ。
大阪府立大学経済学部卒業。建設コンサルタント会社で総務事務を担当した後、合同事務所で創業する。平成14年、現在の事務所に移転して「オフィス中橋」として独立事務所設立。平成16年、「有限会社総務の知恵」設立。
近畿圏の中小企業の「本当に困った！」という相談に誠実に日々応えて、お客様および関係者にご納得頂けるよう、日々努力している。
「中小企業戦略　総務の知恵」と題する中小企業事業者向けの人事・労務に関するテーマを読み物風にした無料メールマガジンを発行している。下記アドレスから、ぜひご登録ください。
◉有限会社 総務の知恵 ホームページ：http://www.e-soumu.co.jp
◉メールマガジン登録ページ：http://www.mag2.com/m/0000141772.htm
　また、コクヨのサイト「総務の森」で過去のメルマガが読めます。ご利用下さい。
◉オフィス中橋　総務の森：https://www.soumunomori.com

経営は人や！　社員さんが笑顔になる会社にしなさい

2021年　12月　22日　初版発行

著　　者　中橋章好
発 行 者　浜田充弘
発　　行　アスカ・エフ・プロダクツ
発　　売　明日香出版社
〒112-0005　東京都文京区水道2-11-5
電話　03-5395-7650（代表）
https://www.asuka-g.co.jp
印刷・製本　シナノ印刷株式会社

©Akiyoshi Nakahashi 2021 Printed in Japan　ISBN 978-4-7569-2191-8

落丁・乱丁本はお取り替えいたします。
本書の内容に関するお問い合わせは弊社ホームページからお願いいたします。

・ブックデザイン　太田公士
・編集　夢玄工房
・校正　共同制作社